U0075617

Lâm-sip-jī-tshenn

華台雙語
劇本

李璐 —— 著

王薈雯 —— 台譯

CONTENTS

南十字星 ｜台文版

創作說明

附錄

訪談紀錄

參考資料

青年世代的台灣史招魂

推薦序—朱宥勳（作家）

——讀《南十字星》

　　李璐生於 1990 年，是解嚴後兩年。在大多數的台灣史敘事裡，「解嚴」幾乎就等於是「歷史的終點」——台灣人最艱辛的年月、最深重的歷史，都在這之後海闊天空了。因此，像李璐這一代寫作者（也包括了僅虛長兩歲的我），都是生活在一切歷史終結之後，或在無重量無深度的「當代」裡面的族類了。照理說，我們應該不在乎台灣史。

　　有趣的是，事實正好相反。包括李璐在內的這批解嚴前後出生的青年世代，雖然其生也晚，來不及追趕那些歷史時刻，卻有大批文學創作者透過文獻、訪談、田野踏查的方式，展現了對台灣史的興趣與使命感。相較之下，前行代作家雖然距離歷史現場更近，卻受限於政治氛圍或文壇慣習，創作中的台灣史成分往往被刷淡。有志於此的作家，從數量和影響力來說都不是主流。然而在我們的世代，深掘台灣史題材的創作者，卻已隱隱然成為最有力量的浪潮了。

　　李璐的《南十字星》便可置入這個脈絡來理解。這個劇本以「台籍日本兵」（日治時期以日軍身分參加二次世界大戰的台灣人）為主軸，透過「招魂」一般的場景設置，讓台籍日本兵、軍醫、看護婦的魂魄齊聚一堂，敘述他們生前的戰爭記憶與人生執念。貫穿全劇的主角思螢是其中一位台籍日本兵的孫女，她的在場是故事中最值得注意的設計──做為「什麼都不知道、想要搞清楚歷史的後代」，她的位置幾乎就代表了李璐的同代人，她的無知、震撼與手足無措，也就反射了一種幽微的愧疚：「我為什麼到現在才知道？」正如思螢親口說出的「遲到」：「我知道台灣現在的樣子，但對你們一點都不了解，就像對阿公一樣，如果我對他有任何了解，都是遲來的。」

　　遲到，但不是永遠不會到。以「志願兵」系列小說聞名、在台灣文學史上留下里程碑的作家陳千武就有這樣的詩句：「埋設在南洋島嶼的那唯一的我底死啊 ／ 我想總有一天，一定會像信鴿那樣 ／ 帶回一些南方的消息飛來──」這首〈信鴿〉表達了一種頑強的期許，而《南十字星》落實了這種期許。也或許因為這樣，《南十字星》處理台籍日本兵的歷史時，態度是亦步亦趨的。即便為了創作的流暢性做了必要的敘事調整，但可以感受到作者力圖以最小改動、最大保留的原則來改編這段歷史。這一點，只要對照《南十字星》劇作本身與後附的訪談紀錄，就可以清楚比對出來。

　　因為是遲到的，所以對歷史本身保持尊敬，寧可讓創作者的虛構慾望稍微退位，這是李璐的在乎。在劇中，有許多本可發展為更煽情片段的細節（比如「誰的千人針」），也就因而採用比較節制的方式來處理了。此中得失，是創作者的決斷，也是做為一個「遲來的台灣人」的決斷。《南十字星》失去的或許是浪漫，但得到的卻是一場真誠的招魂：那些前人無法奢求的「真實」，李璐們會全力將之接續回來。

推薦序—盛浩偉（作家）

那些在遙遠光年外閃爍的記憶

太平洋の空遠く
太平洋之空遼遠

輝く南十字星
南十字星光輝耀

黑潮しぶく椰子の島
黑潮翻騰椰子島

荒浪吼ゆる赤道を
荒浪怒吼於赤道

睨みて立てるみんなの
凝視而起護南方

護りは我等 台湾軍
即靠我等台灣軍

あゝ 厳として 台湾軍
啊啊 莊嚴肅穆台灣軍

這是昭和 15 年（1940），由歌手灰田勝彥演唱的〈台灣軍之歌〉（台灣軍の歌）的歌詞。歌詞的開頭有海，有天空，這都是巨大而普遍可見的意象，但繼而出現的「南十字星」，對於在夜空中望不到南十字星的大日本

帝國而言，卻十足獨特、奇異，甚至象徵著帝國的野望。位處東北亞一隅的帝國，意圖想要稱霸整個「大東亞」，故而必得要將勢力延伸至「南方」。帝國的殖民地，這個觀測得到南十字星、生長著椰子的島嶼，台灣，就成為了帝國勢力「南進」東南亞的基地；而台灣軍，則是其支持助力。

　　昭和 17 年（1942），這首歌由東海林太郎翻唱，又發行了一張專輯——附帶一提，這張專輯的 B 面收錄曲為〈屠殺鬼畜英美〉（屠れ鬼畜米英）；隔年昭和 18 年（1943），搭配電影《莎韻之鐘》（サヨンの鐘），李香蘭亦翻唱此歌，內容並稍加更改成為〈台灣派遣軍之歌〉（台灣派遣軍の歌）。從這樣不斷翻唱的情形，一方面可以得知戰爭逐漸熾熱，宣傳亦持續不斷，需要更多年輕男子從軍；另一方面，南十字星與台灣軍的連結，也在這樣的傳播中加深加劇。

　　由於台灣是殖民地，日本帝國在台灣招募志願兵時十分謹慎，昭和 16 年（1941）頒布的〈陸軍志願兵訓練所生徒募集綱要〉，本來只要招募一千多名台灣陸軍特別志願兵，但出乎意料地，最後的報名人數竟高達 42 萬人，超出預定額四百多倍，約近於當時台灣總人口數的一成。台灣人爭先恐後當兵，不是因為喜愛殺戮，而是因為戰爭很諷刺地替殖民地人民帶來機會，讓曾經飽受不平等對待與剝削的台灣人，可以與內地人平起平坐。

　　然而，在前往南洋戰場以前，這群年輕的台籍日本兵還無法想像戰爭真正的模樣，會有多麼殘酷。

　　更殘酷的也許是，經歷過這一切之後，活下來的人，回到台灣，卻不知道該如何面對這轉由其他統治者宰制的局面，不知道該如何向人事已非的世界通風報信。

　　如今，他們的記憶，也正逐漸凋零，散逸。

　　幾年前，我參與《終戰那一天：台灣戰爭世代的故事》的寫作計畫，翻閱許多史料、口述、回憶錄，並在過程中深刻且具體地感受到第二次世界大戰對台灣人生命的影響。那絕非二手研究或是教科書簡單的三言兩語所能概括、所能傳遞的。而李璐《南十字星》則更進一步，直接以親身口訪、田調的資料為基礎，創作成精彩的劇本。

　　戰爭的殘酷與荒謬，往往比虛構的故事情節更超乎常人所能想像，若以小說方式呈現，必得以種種技巧克服；而《南十字星》很巧妙地採取劇本呈現，以強烈的思念觸發了超現實的招魂情境，但劇中卻多用獨白，而非故事跌宕、誇張肢體動作或強力舞台效果等方式，讓人物靜靜站在事過境遷的位置，淡淡自述經歷，並以此營造出張力，將讀者／觀者的想像引入其中。那些生與死，殺戮與奔亡，憤怒與罪咎，悔恨與遺憾……讀者／觀者將以最切身的方式，來成為那段歷史記憶的載體。

　　不只是情感，劇本中對於戰爭、立場、國族、正義等議

題，亦有精彩的辯證。記憶歷史的目的，並非讓人自以為能有權評判或定奪，而是認知到現實的複雜，歷史的複雜，人性的複雜。生存是艱難的，在戰爭的情境下，要潔身無垢地生存更是艱難。但正因為艱難，才有記憶的必要與價值；記憶住這些人，曾經那麼努力，犧牲了那麼多地，撐了過去，活了下來，在時間無盡流逝的黑暗裡，像星星一樣，那麼堅毅地，在遙遠的光年外，朝著現在閃爍。

到南十字星有多遠

自序—李璐

　　星星的光會穿過遙遙的距離抵達我的眼中，只是光度會減弱，因此我才能直視星星。我總在看著夜空時想起這件事，星星們在近距離觀看時都比太陽更加光熱刺眼，那麼，我所寫的作品和已然謝世的長輩的實際經歷，究竟距離有多遠呢？會不會像南十字星距離我們一樣遙遠？

　　我有時迷惑，有時不安，卻也不知道要去問誰才好。似乎無解的都是我自己的問題，我不知道這樣的成果他們究竟會滿意地點頭，還是會痛斥我沒有按照他們轉述的「史實」撰寫？但有些「史實」，一些「觀看的方式」是身在戰場的人無法理解的。魏醫師告訴我，若阿波丸上生質汽油的技術人員能平安抵達日本，日本也許不會戰敗。過了一陣子，我發現當時在南洋其他戰場，其實已因汽油短缺，有將酒精做為零戰能源的紀錄，也就是說，魏醫師的想法，也許一部分是他的希望吧。

　　到現在我還是不知道這些長輩怎麼看待我，會覺得我冒失嗎？莽撞嗎？我用

不流利的台語一次又一次，反覆問一些簡單的問題。他們只是講，不厭其煩地一次次講。漫長曲折的一生，他們終於等到一個願意聽的人嗎？

曾經有人問過我：「為什麼要寫別人的故事，不寫自己的故事？」

我習慣回答：「因為我沒什麼故事好寫。」

這不純然是事實，我當然寫過和自己的經歷有關的作品，但我想以自己的筆贖回整個台灣失去的故事，這聽起來大得有點不切實際，但自從我在洪雅書房讀到前衛出版社的《台灣兵影像故事》時，我就暗暗決定要這樣做了。所有的寫作者都會對於沒有人寫過的素材感到興奮萬分，更何況這還是一整代人失落的故事。

我自己出身於外省家庭，聽講台語是很吃力的事情。而我所訪問的這些長輩的謝世，對我來說，也如同自家長輩謝世一樣難過與痛苦，一些朋友問我：「這麼痛苦為什麼還要做呢？為什麼還要寫呢？」

對呀，為什麼呢？我總在入睡前，問自己這個問題。答案常常在換，也許是不要辜負他們的期待，也許是我對自己的能力也還有期待。最近重讀許昭榮先生相關紀錄，他生前心心念念要成立的戰爭與和平公園，在議員會勘下，可能改成八二三紀念公園，經過數番來回，又要將「戰爭」兩字拿去，變成「和

平紀念公園」，幾經折騰，許昭榮先生在絕望之下，駕車到公園預定地自焚抗議。

關於「八二三砲戰」、「古寧頭戰役」等來自戰勝國中華民國的創作、故事和紀念碑多到數不清（甚至我自己就住在某一座八二三紀念公園附近），而關於台籍日本兵的，始終只有幾個名字孤伶伶地掛在那裡。台籍日本兵往往是被消音的、無聲的一群人，而這明明也是屬於台灣的記憶，卻少有人知。

我想我可能是被許昭榮先生打動了，如果有人願意以死傳遞這件事的重量，那我願做那個承接這份重量的人。

唯有直視戰爭，才有可能珍愛和平。

南十字星

華文版

人物

+ **思螢** ｜ 祖父曾是台籍日本兵，照顧祖父直至祖父過世。
+ **樹桐** ｜ 劇中稱為「士兵」，祖父的好友，在戰爭中病死。
+ **保夫** ｜ 劇中稱為「伍長」，戰死後帶領乞食和清二的靈魂回
　　　　　到故鄉。
+ **清二** ｜ 戰死後，靈魂被帶回故鄉。
+ **乞食** ｜ 戰死後，靈魂被帶回故鄉。
+ **照美** ｜ 看護婦，戰後不願回鄉而自殺。
+ **阿水** ｜ 戰俘監視員，戰後遭戰爭法庭判決死刑。
+ **金枝** ｜ 劇中稱為「醫生」，戰後搭船回鄉，又被派往中國戰
　　　　　場，後平安歸來。
+ **春榮** ｜ 護國丸水兵，在奉命前往日本受訓時，船隻遭盟軍擊
　　　　　沉。

舞台場序說明

+ **序　場** ｜ 舞台由病房轉換為戰場。
+ **第一場** ｜ 場景由紀念碑轉移至海底，再回到紀念碑前。
+ **第二場** ｜ 場景由紀念碑轉移至船上，再回到紀念碑前。

序幕

伍長、思螢

由伍長扮演臥床老人。

舞台上一張病床，潔白的病房，機器的滴答聲。

雷聲隆隆。

老人：我做了夢。夢到土人。

思螢：下過雨了。很大的雨。

老人：打雷？

思螢：嗯。

思螢為老人蓋上棉被。

老人：我夢到我在叢林裡行軍，每到下午，叢林都會下雨。很

大的雨。很少下到晚上。遠遠地，看到草叢中黑色的影子，靠近一看，果然是土人，全身黑漆漆的土人。

燈光轉換，場上黑影幢幢，場景從病房轉移至戰場。
軍隊穿行於病房中，他們搬來越來越多的椅子。

老人：下大雨，我們往前走，土人站在那裡看我們。他們沒有蓑衣，沒有穿衣服，男的一條兜襠布，女的一片裙……我看見一個土人拎著山雞，站在雨中看我們……他的黑眼睛和我對上，我很害怕，想別開眼睛，卻好像被土人的眼睛吸了進去……

思螢俯身輕聲和老人說話。

老人：男的。他一手拿著刀，雞脖子還在流血，血在他腳邊積成一灘小水漥，往我這裡流過來。我很害怕。（頓）土人會吃人。

思螢俯身輕聲和老人說話。

老人：我不知道，有人走在後面、落單、不見了，別人就會說，他一定給土人抓走，抓去放在大鼎裡煮……

思螢俯身輕聲和老人說話。

老人：沒有。土人只會在草叢裡偷偷看。靠近就跑走。（頓）
　　　怕被土人看。好像我們是賊，偷了土人的東西。有人
　　　說慰安所有女土人，有個部隊專門抓她們去慰安所。
　　　（頓）我以為他們在開玩笑。我們這樣的人，不能去慰
　　　安所的。

思螢俯身輕聲和老人說話。

老人：不知道，太偏僻了，什麼都沒有。只有海邊的碼頭，那
　　　是我們來之前就建造好的。船靠岸，把貨物都搬下來。
　　　常常三天沒有睡覺，累了就在泥土地上躺著休息一會。
　　　我也不知道，一個一個大木箱，堆滿每個角落，我們把
　　　箱子排好、排整齊，蓋上防水帆布。

場上燈光轉暗，閃電與雷聲。

老人：海邊有一間病院。在島的另外一邊。

思螢：又打雷了。

老人：我怕。我怕那些聲音……轟炸……海邊……大鐵鳥飛
　　　來，黑色影子覆蓋在我身上，我離開樹叢，一直跑一直
　　　跑，落在樹叢，土石崩落，會被埋在裡面，我怕爆炸，
　　　要是燒起來，就沒有地方跑……我一直跑、一直跑，不
　　　敢停下來，直到爆炸聲從遠遠的後方傳來，才知道安全

了。回頭去看，只剩下兩個很深的洞。我們把屍體從病院運出來，埋進裡面。好多好多屍體⋯⋯多到我以為我也是屍體，一個一個，和我長得一樣，眼睛、鼻子、嘴巴⋯⋯全都沒有手掌。

思螢：為什麼沒有手掌？

老人：你要幫我去找陳樹桐，幫我帶金仔粉給他⋯⋯

思螢：陳樹桐是誰？

老人：他快病死了，都是我的錯，我沒有金仔粉⋯⋯

思螢：我要去哪裡找他？

老人：去港口⋯⋯我要出發了⋯⋯我們一起拍了相片⋯⋯他搭先一班的船走了⋯⋯幫我去港口找他⋯⋯

第一幕

思螢、士兵、伍長、乞食、清二、照美

舞台上一排空椅子，將被演員漸次坐滿，還有一座象徵
自焚者與無名戰士的紀念碑。
思螢著黑衣上，將花放在紀念碑旁。
左下舞台有類似長廊的裝置，長廊稍有高度，在第二幕
會變身為船，而整個舞台分割為船上和船下，所有關於
過去再現的事件，都會在船的部分搬演。演員也從船的
部分進出場。船象徵過去與現在的銜接點。

思螢：阿公說完那些話，就沒再清醒過了。（頓）我花了一段
時間才知道他說的出發不是指他的死，我在整理遺物時

才想起這件事。我在網路搜尋，向別人打聽，才知道他出發的港口附近，有一個總會舉辦紀念儀式的公園，我猜阿公要找的人就在這裡，因爲每年總會有人到這裡來參加紀念會⋯⋯（頓）我阿公叫林進六，日本名叫做小林進六。我是他的孫女，我叫林思螢，不知道爲什麼，阿公都叫我 Yoko。（頓）我有時會想，那些沒回來的人都在靖國神社裡面嗎？你們喜歡櫻花嗎？我來不及帶阿公去看櫻花，現在他也和你們在一起了嗎？明年春天，你們會不會一起看櫻花？你們會不會問他，戰爭結束以後發生了什麼事？台灣現在是什麼樣子？（頓）我知道台灣現在的樣子，但對你們一點都不了解，就像對阿公一樣，如果我對他有任何了解，都是遲來的。

士兵上，看見思螢，有點驚訝。

思螢：我聽不懂ビスケット（biscuit）是什麼，但阿公吵著要吃⋯⋯後來我才知道，原來是一種餅乾。（頓）好奇怪對不對，人好像很難了解自己的阿公，我甚至不太會說台語，如果你們或阿公託夢給我，我搞不好聽不懂⋯⋯（頓）可是我想知道多一點，一點點就好。（頓）葬禮結束了，每天醒來，我都會想，除了阿公，我到底還少了什麼，可是那個空洞的感覺揮之不去⋯⋯

士兵慢慢走近她，仔細端詳她。

思螢：阿公總是在想，他是不是忘記什麼，他越想，就忘記越多……我好像也是。（頓）每天五點，我還是會醒過來，那是幫阿公換尿布的時間，他若是清醒，會有點難為情，但還是讓我換。我睡在旁邊的小床，不時會被他的吼叫聲驚醒，他用日語喊著我聽不懂的字詞，偶爾在睡夢中哭叫著。（頓）我在網路上看到消息就來了，我想知道發生過什麼事，我想知道戰爭是什麼，我知道你們不能告訴我，但我還是要來，我一定要來，也許會有人告訴我一些事……就像阿公一樣。（頓）阿公最喜歡百合花，希望你們也喜歡。

士兵：（猶豫地）Yoko！你是 Yoko 吧！

思螢：你是……

士兵：你不認得我了嗎？我帶他從南洋回來了！Yoko，你們後來結婚了嗎？生了幾個小孩？

思螢：你是……你也是從南洋回來的嗎？

士兵：你不是 Yoko？

思螢：我阿公都這樣叫我，但我不知道是什麼意思。

士兵：你長得很像她。（頓）已經過去這麼多年了嗎？

思螢：七十多年了？

士兵：我和 Yoko 約好，我一定會帶進六平安回來，進六過的
　　　好嗎？

思螢：很好。他在兩星期前的下午過世。（頓）我不知道
　　　Yoko 是誰，和阿公有什麼關係？是他的朋友嗎？

士兵：進六是你阿公？

思螢：對。

士兵：那她一定嫁給進六了，你長得好像 Yoko，我還以為你
　　　就是她。你是進六和 Yoko 的孫女！

思螢：我阿嬤叫做洋主，不是 Yoko。

士兵：Yoko 就是洋子啊，那個時候很流行這個名字。

思螢：洋主，洋是洋裝的洋，主是主人的主……啊，難怪……

士兵：Yoko 過得好嗎？

思螢：她在我很小的時候就過世了。（頓）我想她應該稱得上
　　　幸福。

士兵：這樣啊。（頓）那就好了。

　　　沉默。

思螢：你是不是……我不知道你的名字，阿公說，他有一個好
　　　朋友，和他一起去當兵。

士兵：我沒有回來。回來的只有一把沙子。

沉默。

雨聲進場，光線轉暗，雨的陰影落在兩人身上。

士兵：下雨的時候，我時常想起台灣的西北雨。那是一樣的
　　　雨，南島的雨。我時常想家，空氣的味道是不同的，連
　　　香蕉的味道都不一樣。

警報聲，燈光轉紅。

飛機的陰影掠過兩人頭上。

士兵：我沒有死於空襲，轟炸機的聲音很大，聽到就得趕快躲
　　　起來。唯一不會躲的只有螢火蟲，一整棵樹上都停滿了
　　　螢火蟲，輕輕搖動那樹，螢火蟲就會像走失的星星那樣
　　　飛入天空。（頓）飛機很大，離地面很遠，飛行員看不
　　　清楚，以為那些發光的樹是敵人的寮舍，就會把炸彈往
　　　那邊投。

思螢：然後呢？

士兵：森林就燒起來啦。

思螢：那要怎麼辦呢？

士兵：不怎麼辦呀，明天下雨的時候，火會熄滅的。

思螢：你們是不是也會燒……那個（遲疑地）……屍體？

士兵：規定上，要。

思螢：實際上呢？

士兵：我沒有被燒。（頓）不是全部。

思螢：你？

士兵：我死在病院裡。戰爭最後的時候，連食物都沒有，我和
　　　你阿公是同一個村子來的，他偷了藥來給我吃，但沒有
　　　用，我還是死了……マラリア（Mararia，瘧疾）實在
　　　可怕。

　　　沉默。

士兵：我是不是不該和你說這個？

思螢：不……這些事我都不知道。我只是在這裡等而已。

士兵：真巧，我也在等人。（頓）還會有其他人來的。

思螢：其他人？

士兵：對，今天是特別的日子。

　　　伍長帶領乞食、清二列隊上，唱《步兵の本領》。

士兵：你看，他們來了。

伍長：立正！

　　　列隊停下。對紀念碑敬禮。

伍長：陸軍第 36 師團 222 連隊，下士青木保夫報告：經過比

亞克島一役，雖奮勇作戰，上等兵陳乞食、吉村清二不幸戰死，迄今無人收葬，魂靈無所歸處，將其引來，歸於故土。

伍長轉身，面對乞食、清二。

伍長：任務結束，已經返回故鄉，你們可以休息了。

伍長對紀念碑再次敬禮後，走過船的長廊，離場。
乞食、清二緩緩坐下。

思螢：你們從哪裡來呢？一定累壞了吧。

乞食：唉呀，好久沒看到漂亮的姑娘了。

清二：這位小姐是……？

士兵：是我戰友的孫女。

乞食：已經過去這麼久了啊……這個時代，還有戰爭嗎？

思螢：我不知道這算不算是和平的時代，但我沒有經歷過戰爭。

乞食：好時代。我們呀，走了好久好久的路，才從比亞克島來到這裡。

思螢：比亞克島在哪裡呢？

士兵：新幾內亞。（頓）我也在新幾內亞，我在曼諾瓦里島。

清二：你也從好遠的地方來呀。我們是戰友，該敬你一杯！

士兵：（舉起自己的水壺）乾杯！

清二：（舉起自己的水壺）乾杯！

　　　　兩人輕輕碰了碰水壺。

思螢：剛剛走掉的人，還會回來嗎？

　　　　沉默。

乞食：不知道。

士兵：我看見他走進海中。

清二：他不會回來了。

乞食：我們等吧，也許等一下，他就回來了。

　　　　沉默。

思螢：那個人是你們的長官嗎？

　　　　沉默。

乞食：對，他是青木伍長。

清二：青木伍長叫我們往前走，不要停，什麼時候變成這樣的
　　　　呢⋯⋯

　　　　隨著敘述，海浪聲漸大。

　　　　燈光轉成藍色，有戰機形狀的投影。

乞食：我們走進海裡，海水淹過腰，我看向青木伍長，他說：
「繼續，往前。」我們走進珊瑚中，熱帶魚，海水很
清澈，零戰的螺旋槳長滿海藻，機翼散落，一大群魚，
顏色鮮艷的魚，游過戰機的殘骸……

清二：那是零戰二一，這邊的也是……

士兵：這是一式陸攻……那是？

乞食：是二式大艇。

清二：好多架……你看那邊，那是彗星，還有這個……

乞食：青木伍長忽然大喝一聲：「安靜！」我和清二就安靜了
下來。

清二：每走一步，清澈的海底逐漸混濁，魚群紛紛走避，我排
在最後，看不清楚，每一步都很重，抬腿，放下，抬腿，
放下……走進海的深處，越來越暗，陽光變少了……一
座墳場，生鏽的金屬，砂礫，零件……

士兵：那些飛機的主人都離開了。

乞食：很斜很斜的陡坡，每一步都是泥巴，海中激起堆積的煙
塵，就像在陸地上一樣……溜下海底的大斜坡，噗地
落進一陣沙塵中，沉積的生物骨骸、細沙、海藻的碎
屑……全揚了起來，我什麼也看不見，好像還踢了清
二一腳。

清二：混濁的沙散去，海底有一片平原，被擊落的飛機和沉沒

的戰船……

乞食：武藏！那艘船是武藏呀！

清二：和大和號一樣，世界最大的軍艦，威武地航行在海上的
　　　武藏，也被擊沉了嗎……

乞食：這次青木伍長沒有罵我們，他伸手掏口袋的香菸，卻突
　　　然想起這是海底，無聲地笑了，我看見他吐出幾個泡
　　　泡，泡泡不斷往上升……他把香菸扔在腳邊，香菸只激
　　　起一點漩渦，就靜靜地躺在海底了。就像武藏一樣。

清二：我問青木伍長，日本戰敗了嗎？

乞食：他沒有回答。

　　　沉默。

清二：我們啊……死掉了嗎？

乞食：青木伍長沒有回答，繼續往前走。

　　　沉默。

清二：我們是怎麼死的？

　　　沉默。

乞食：他還是沒有回答。

清二：我問久之後，覺得累了，就不問了。我跟在乞食背後，

默默走過武藏身旁，我在想，軍艦和戰鬥機也有靈魂嗎？那麼，它們會想要回到出發的地方嗎？

乞食：我們走了很久很久，在很深、很深的海裡，抬頭看，所有的船都像一片小小的葉子，從我頭上漂過去。繞過海裡深深的裂口，爬過海中的小丘，不知道為什麼，青木伍長總是知道要往哪邊走，他就帶著我們一直走、一直走。

沉默。

燈光轉換，煙霧四散。

清二：我知道自己已經死了，小丘附近特別熱，熱得像快燒起來，海水沒有沸騰，我知道那是因為我們在連陽光都照不進來的深海中。我們攀登到頂端，看到火光藏在岩石下，我們輕輕地踩上去，岩石沒有破裂，像玻璃閃閃發光。海底火山噴發，海水沸騰，像煙霧一樣，伴隨火光，直直沖向海面。乞食說，好像燒夷彈呀。

乞食：我啊，什麼都想起來了。（頓）那時，和大本營的聯繫已經斷了，我們在洞穴中躲避敵機的襲擊，我和清二去外頭椰子樹旁的小河洗臉，卻看到敵人的艦艇，緊接著是爆炸聲，還有螺旋槳的聲音，飛機來了，我們跑回洞穴報告，敵軍卻已經上陸了，青木伍長帶著我們突破敵

軍的包圍，從山洞中逃進叢林，再從叢林逃到島嶼另一邊的病院……我們靠著椰子和生冷的溪水過活，吃到病院的米粥時，我感動得眼淚都掉下來了。

清二：本來在山洞駐紮一百多人，現在只剩下二十六人。還有兩人在醫院中死去。

乞食：敵軍已經登陸。我們被集合起來，要去參加「戰車肉迫攻擊」。

思螢：什麼是「戰車肉迫攻擊」？

　　　　沉默。

思螢：你們為什麼都不講話？

　　　　沉默。

清二：這可以說嗎？

乞食：告訴她吧。

清二：我想再等一下。

乞食：還會有人來嗎？

士兵：會吧，會有的。

思螢：真的會有嗎？

　　　　沉默。

士兵：會吧，會有的。也許是進六，也許是 Yoko，會有人的。
　　　我一直想親口對進六道歉。

思螢：為什麼要道歉？

士兵：如果他來了，我會告訴你的。

思螢：要是他不會來呢？你們在等誰？

　　　沉默。

　　　乞食推推清二的手臂，清二又推推乞食的，兩人互相推
　　　擠一陣。

清二：「戰車肉迫攻擊」，是針對坦克的作戰，讓士兵去把炸
　　　藥塞進坦克的履帶裡。

　　　沉默。

思螢：就這樣？沒有專門的武器？

清二：就這樣。

思螢：騙人……怎麼會……

　　　沉默。

士兵：這是很常見的事情。

思螢：我現在知道了……阿公說，他之前三個人一組，趁晚上
　　　跑到敵人的基地旁，對基地扔手榴彈……我一直以為是

他老人癡呆。

士兵： 後來，敵人加強夜間戒備，我們就沒再做過這種事了。

沉默。

乞食： 我在工兵部隊裡，還有三天要修復被炸爛的機場這種事情。

清二： 小姑娘一定不知道有多大，就是學校操場的二十倍大吧，每個坑洞都有半個我這麼深。

思螢： 做得完嗎？

乞食： 飛機還是要降落呀，長官說，一定要趕快修好。

清二： 但真是太累了，任務完成後，我就躺下來，睡了三天三夜才起來。

思螢： 越睡會越累的。阿公過世以後，我想著休息一下，就一直睡一直睡，越來越爬不起來……

清二： 但怎麼睡都睡不夠啊。

沉默。

乞食一面說，一面射出一架又一架的紙飛機。

乞食： 攻擊的前一天晚上，誰也沒有說話，我不知道是不是太累了，居然一下就睡著了。隔天早上，集合，一人發下一綑炸藥。衝鋒！敵人的坦克緩緩逼近，我聽見機槍答

答答掃射，第一排的人漸次倒下，我不知道能做什麼，看見青木伍長把引燃的炸藥甩出去，我便跟著他做，清二跟著青木伍長開始跑，我也跟著他們跑，不知道是哪裡生出來的力氣，子彈從我的耳邊咻咻穿過，我就只是一直跟在他們背後⋯⋯跑著跑著，我們離機槍的聲音越來越遠，清二停下，我也停下，四周一片黑，我們走進了日落的叢林中。（頓）青木伍長看了看四周，說，只剩下我們了。

思螢：所以，你們不是在「戰車肉迫攻擊」中戰死？

乞食：不是。

思螢：這樣不是違抗命令嗎？

沉默。

乞食：有些命令不需要遵守。

思螢：可是，你們是軍人？

乞食：是軍人又如何？

沉默。

清二：那天晚上，我根本睡不著，坦克有機槍，不用想也知道根本不可能靠近⋯⋯三人一組的小隊，怎麼可能炸毀一台戰車？

乞食：作戰開始前，青木伍長要我和清二服從他指揮，我不知道爲什麼他特別說這話，我們本來就該聽從他的命令……

思螢：所以你們放棄了作戰？

　　　沉默。

乞食：你眞的想聽嗎？

思螢：我想。我就是爲了這個才來的。

乞食：（對清二）這可以說嗎？我們可是……

清二：（打斷他）你不記得青木伍長說過什麼嗎？

乞食：我們等他回來再說。

清二：他不會回來了。

　　　沉默。

清二：那天晚上月光亮得嚇人，青木伍長大概也睡不著，靠在窗邊抽菸，我看看他，他也看了看我，突然，他問我原本姓什麼，家住哪裡，我嚇了一跳，沒有回答，他又問了一遍。

士兵：（戴上軍官帽，扮演伍長）吉村，你也從台中州來吧？

清二：報告，是！

士兵：（扮演伍長）不用這麼嚴肅，陳是哪裡人？

清二：他從台北州來。

士兵：（扮演伍長）這麼說，這是一個台灣人的小隊。（頓）
　　　吉村，我在戰場上才知道，我們和日本人，終究是不一
　　　樣的。就算我們一樣當兵，一樣衝鋒，但我們還是不一
　　　樣的。

清二：我不懂您在說什麼。

士兵：（扮演伍長）把陳叫起來吧，我有重要的事情和你們
　　　說。

清二：乞食睡得很沉，但我還是把他叫了起來，青木伍長帶我
　　　們到外頭去。

士兵：（扮演伍長）我不想兜圈子，大本營的命令已經下來
　　　了，全體玉碎。

乞食：怎麼會……

清二：就算敵人已經登陸了，但我們還有士兵可以迎戰啊，也
　　　許武器……

士兵：（扮演伍長）我們逃吧！不要管戰車的事情了，炸藥扔
　　　了就逃！勝敗與否，都是日本人的事情，想想在台灣的
　　　親人，與其變成靖國神社裡的牌位，不如活著回去見他
　　　們！

清二：噓……小聲一點。

士兵：（扮演伍長）我是從塞魯伊島撤退到這裡來的，日本已

經節節敗退了……大本營根本不在乎士兵的死活，只會要我們執行一些離譜的作戰，一通電報就要全員玉碎……不值得為了這種無聊的命令而死……

清二：可是，要是被發現的話……

乞食：他們都自顧不暇了，哪有空管我們！

清二：但……

乞食：難道你真的覺得自己可以毫髮無傷地把炸藥放進坦克的履帶嗎？

沉默。

乞食：早知道不太可能活著回去，但我可不要就這樣白白死去……你不會覺得不甘心嗎？

清二：當然不甘心，但又能怎麼辦，我們都已經到這裡來了呀！

乞食：我們就照青木伍長說的做，總會結束的，我們要撐下去，撐到最後一刻，就可以回台灣了。

士兵：（扮演伍長）我呀，在台灣被當成野蠻人，加入軍隊，以為可為國家效力，沒想到還是被當成卒子……軍階比別人高，也就是好用的工具而已。（頓）鄰近蕃社有一兩百個人一起出征，辦了熱鬧的送行會，暢談報國理想，喝酒到天亮……多苛酷的訓練我都能忍受，但不

能看著我的族人白白犧牲……從塞魯伊島撤退到這裡，只剩下我了。

沉默。

士兵：（扮演伍長）活著回去！這是命令！

沉默。

雷雨聲漸大。

清二：但我們誰也沒有活著回來。（頓）在叢林躲藏的第五天，乞食開始發高燒，說奇怪的話，一直嘿嘿嘿地笑著。他笑了一整夜，天亮時，他說完「好想吃豆腐」就斷氣了。（頓）我們砍下乞食的手指做為遺物，將他草草埋葬……我對乞食的屍體說，乞食，對不起，我拿了你的靴子和水壺，我的靴子脫底了，我想你大概用不著……

沉默。

清二：我和青木伍長快抵達海邊時，踩到米軍埋設的地雷，地雷爆炸，把我的半邊身體都炸飛了，青木伍長也全身是血，白色的骨頭從他的大腿穿出來……我看見敵軍包圍了我們，青木伍長像野獸一樣大吼一聲，把手榴彈扔了

出去，最後只看到一片白光……

　　　沉默。

清二：等我醒來時，就在海邊了。

　　　沉默。

乞食：不甘心。眞的是不甘心。

　　　沉默。

乞食：你說，我們的名字有在靖國神社的名簿裡嗎？
清二：不知道。那是日本人的事情。

　　　沉默。

乞食：我沒想到自己還能回到故鄉。
清二：我也是。
乞食：他還是把我們帶回來了。

　　　沉默。

乞食：小姑娘，我有個禮物要給你，這是我在海底撿到的，我
　　　想你也許會用得著……

乞食從懷裡掏出一條手巾給思螢。

思螢：這是什麼？

乞食：是千人針。據說，找一千個人，一人在上面用紅線縫一
　　　針，交給士兵隨身帶著，那個人就可以平安回來故鄉。

思螢：這是很重要的東西吧，我不能收。

乞食：沒關係的，我想它的主人也很樂意給你。（頓）我在運
　　　輸船的殘骸旁發現的，我想，他也沒有活著回來。

思螢：謝謝，我會好好珍惜的。（頓）上面的錢幣是什麼意
　　　思？

清二：是五錢和十錢吧，你數數看，「四錢」和「死線」同音，
　　　「九錢」和「苦戰」同音，是祈求士兵能超越死線和苦
　　　戰的意思，討個吉利。

乞食：我也幫人縫過一針，那個時候我剛剛從檢驗所出來，準
　　　備回家。不知道同處戰場之人的祝福有沒有用處，希望
　　　那人有平安回來。

士兵：我也有呢。

思螢：你是不是給了阿公？

士兵：我就要死了，根本用不著……Yoko 還在等他回台灣呢。

思螢：但，你的千人針沒有跟著阿公回台灣……阿公說，如果
　　　他再堅持一下就好了，在檢查的時候，他們找出了你的

　　　　千人針……如果他堅持一點就好了，可是他太膽小了，
　　　　他說，還是怕死啊。

士兵：沒關係，我明白。身不由己的事情太多了。進六已經為
　　　　我做了很多，我很感謝他。（頓）我真希望他能來。

　　　　沉默。

思螢：（對乞食、清二）你們在海底有撿到軍帽嗎？

清二：那個啊，很多喔，多到不想撿。

乞食：你要的話，我這頂可以給你，我自己留著也沒什麼用。

思螢：不，不是這樣的，我阿公在基隆港弄丟了他的帽子。

清二：出發前就弄丟裝備，這很嚴重喔。

士兵：我們從高雄港出發。

乞食：那是……

思螢：回來的時候，一下船，就有一隊一隊的士兵，用槍押著
　　　　他們，要他們遵從指令，把軍帽上的徽章拔掉，阿公不
　　　　願意，就被槍托打，打得他整個人往前跪下來，軍帽飛
　　　　了出去，阿公說，順著海水，往南方漸漸漂遠了。

清二：哪裡來的士兵呢？

乞食：日本戰敗了，哪裡的士兵都一樣的。

　　　　沉默。

思螢：我可以問你一個問題嗎？

士兵：當然。

思螢：為什麼說「只有一把沙子回來」？骨灰呢？

士兵：油不夠，只能把手掌砍下來燒。

清二：你還算好的了，有些人連手指都沒有燒。

思螢：那要給家屬什麼？

士兵：一把沙。

思螢：這太過分了。

乞食：這是現實啊，連吃飯都有問題，哪有力氣管死人的事情。

清二：我們還去捉大蜥蜴吃，有我手臂這麼長呢。

乞食：我不敢吃。

清二：這種時候你還挑食。

乞食：你沒有幫忙搬過屍體嗎？病院會把屍體埋在後頭的大坑裡，到了晚上，大蜥蜴會去坑裡吃屍體，你吃蜥蜴，就和吃人肉是一樣的。

清二：喂，別開這種玩笑！

士兵：他說的都是實話，我可以作證。

清二：不會吧……

清二做嘔吐狀。

士兵：不要緊的，至少不是吃人啊。

思螢：真的有人吃人嗎？

乞食：我聽說過，但沒真正看過。

清二：吃人的人都在想什麼啊？

乞食：想要活下去吧。

清二：我辦不到，只要是人就辦不到。

乞食：別說了，我們只是幸運一點。

沉默。

士兵：倒是聽說土人會吃人。

思螢：阿公也這樣說。

士兵：我們在同一個村子長大，搭上同一班船，去了同樣的戰場。但我們在不同的部隊，再相遇的時候，他在病院裡為護理長工作，我則是病人。

沉默。

思螢：阿公在找的人就是你嗎？

士兵：什麼意思？

思螢：他過世之前說，叫我把金仔粉帶給樹桐，叫我到港口去……

士兵：我就是樹桐。你一定是代替進六來的，我很感動，我不

知道他到最後都還這麼爲我想……我從小就知道他喜歡Yoko，Yoko是村裡最漂亮的女孩，誰都喜歡她，我知道她也喜歡進六，看眼神就知道。

乞食：清二，如果青木伍長不會回來了，我們在等誰呢？

清二：不知道，也許是神明大人（神様，かみさま，kamisama），也許天皇陛下會來，告訴我們爲什麼會有戰爭。那樣我們從海底走來這一路都值得了。

乞食：我們現在該做什麼？

清二：休息，等，聽別人講自己的事。

乞食：好像在看戲一樣。

思螢：（對士兵）怎麼一直盯著我看？

士兵：你拿著這個的樣子很像Yoko。（頓）她也這樣拿著白布，到街上去。

思螢：像這樣嗎？

士兵：對，很焦急的樣子……好，對了。

思螢：（扮演Yoko）可以幫我縫一針嗎？我心愛的人要出征了……

士兵：然後進六就去幫她縫了一針。

思螢：（扮演Yoko）林進六？

士兵：（扮演進六）啊，那個，希望那個人可以平安回來。

思螢：（扮演Yoko）不，這，我其實……

士兵：（扮演進六）你喜歡他吧？我知道的，我一定會帶他平安回來。

沉默。

士兵：進六這個木頭，說完就走了。

思螢：（扮演 Yoko）聽說你們明天一早出發……

士兵：對……你把東西交給他了嗎？

思螢：（扮演 Yoko）幫我拿給林進六好嗎？我一個女人家，實在……

士兵：這麼重要的東西，你不親自交給他？

思螢：（扮演 Yoko）我知道你們會一起搭車過去，拜託你了，請你告訴他，若平安回來，就到我家提親吧。

士兵：我把 Yoko 做的千人針揣在懷裡，搭火車去高雄受訓，我一直想，我該什麼時候把這拿給進六，但又想，如果千人針眞有神力，我就帶在身上，也許可以逃過死劫，進六去的是後勤部隊，而我則要出生入死……我左思右想，最後一個字也沒告訴他。

沉默。

士兵：也許是報應吧……我很快就患上マラリア，住進病院。進六每天來跟我講一些趣事，他說，因爲大家都很想

洗熱水澡，所以他用汽油桶燒熱水，剛好護理長經過，覺得他很能幹，就向班長把他要來，在醫院幫忙，也幫護理長打掃、洗衣。（頓）那時藥品已經很稀少了，他不知從哪裡弄來一整罐金仔粉，藏在我枕頭下……他要離開病房時，我連開口喊他的力氣都沒有，拉住他，把千人針塞進他手裡。對他說，Yoko 在等你，等你回台灣，你一定要平安回去。

沉默。

思螢：金仔粉是什麼？

士兵：治マラリア的藥。（頓）他真傻，還跟我說，叫我活下去，Yoko 在等我回去……

沉默。

士兵：我和他說，我就要死了，你要好好照顧 Yoko。我騙了他。

沉默。

士兵：他一直想把千人針還給我，但我堅持要給他。最後，他握住我的手，叫我不要胡思亂想，我一定會好起來，等我出院，再來和他拿回千人針。

沉默。

士兵：他回到台灣以後，一定都知道了吧，我是卑劣的人，不
　　　配被他稱爲朋友⋯⋯

思螢：他想到以前的事情，就會提起你，他都會說，他最好的
　　　朋友死在南洋，他只能幫他帶一把沙子回來，甚至不
　　　敢拿到你家去，只能偷偷送到公所⋯⋯重要的千人針，
　　　最後沒能帶回來，他很懊悔，因爲連懷念你的東西都沒
　　　有⋯⋯連一張照片都沒有⋯⋯戰後太亂，甚至沒能和你
　　　的家人聯絡上⋯⋯

沉默。

士兵：這樣啊⋯⋯我光是看到你就很高興了，進六和 Yoko 生
　　　了小孩，他們的小孩又生了小孩，沒有因爲我的自私而
　　　出什麼差錯，眞是太好了。我沒有想要獨佔 Yoko 的愛，
　　　卻拿走了她對進六表達愛的物事，會遭到報應也是理所
　　　當然的事⋯⋯現在一切圓滿，物歸原主，Yoko 辛苦縫
　　　製的千人針遺失也不要緊了，只要他們最後結合在一
　　　起，我就滿足了⋯⋯

沉默。

士兵：你和進六有一樣的眼睛，那是看過滿樹螢火蟲迎風飛舞的人才有的眼睛，我很高興進六把這樣的眼睛帶回來了。

思螢：但我是我，我不是阿公啊。

士兵：那是一種證明，終於有人將叢林的消息帶出去了，也許你並不知道，但我們這一代人的生命，確實是透過這些活著的人，才有了更多可能。是進六代替我，把生命延續下去的。

沉默。

士兵：我一輩子不會忘記那些螢火蟲飛舞的光景……那時我們正在躲避轟炸，卻突然看到螢火蟲，一整顆樹那麼多的螢火蟲，像迷路的星星，近在眼前，連敵人的飛機都停下來了……我們像是突然聾了，沒有人逃跑，直到轟地一聲……樹在我們面前燒了起來，那些螢火蟲飛上星空，又變回遙遠的星星。（頓）看著熊熊烈火，還有天空中的螢火蟲，一瞬間錯覺，彷彿回到家鄉熱鬧的街市……小販的叫賣……

沉默。

思螢：我可能不是你想的那樣，我是我，阿公是阿公，很多事

情我從來沒有聽過，這樣你怎麼能說這是一種傳承呢？

士兵：但你都到這裡來了，你來尋找一些可能不存在的事物，
　　　找一個可能不會現身的人，我相信就算沒找到，你還是
　　　會爲了你的疑惑盡力尋找……這就是我從你的眼睛裡
　　　看到的事。

照美上。

清二：護士小姐，我受傷了！

乞食：我、我也是！

照美：少來這套，這不是還活蹦亂跳的嗎？（頓）我最討厭人
　　　家把我當成咖啡館的女給那樣呼來喚去的了。我呀，從
　　　女子商業學校畢業以後，因爲想去東京學畫，報名了看
　　　護婦招募的考試，薪水比每天在公司做會計多多了……
　　　我拚命通過考試，經過刻苦訓練，如同男子出征一般，
　　　在眾人的歡送下，到馬尼拉的病院。

乞食：戰前的確是什麼工作都找不到，連挑糞大家都搶著做。

清二：那時都有一頓沒一頓的，進了軍隊才勉強吃飽……

照美：我到了醫院，發現和我想像的完全不同，雖然兩周可以
　　　輪休一次，到外頭走逛，但每天做著像是下女一樣粗重
　　　的工作，清理便盆，搬運傷患，埋葬屍體，爲長滿蛆蟲
　　　的傷口換藥，血和汗染汙了我的制服……戰勢轉壞時，

　　　我們得在空襲時將患者一一帶到安全的地方，才能夠撤
　　　離……

思螢：好辛苦啊。

乞食：女人家還是留在家裡就好了，這些事情男人自然會做
　　　的。

照美：這是女子和男子平等的年代，我也想憑自己的力量做點
　　　事……小姑娘的時代一定也是如此吧？

思螢：的確……男女都享有平等的權利，投票、工作、教
　　　育……雖然還有很多不完美的地方，但是會一直進步
　　　的。

乞食：真不可思議。

照美：我在日出時出生，母親感謝天照大神的恩賜，將我取名
　　　為照美，我以為我的人生如同名字一樣，都是日光照耀
　　　的坦途……我們在狹小陰暗的地洞躲避空襲，有的患者
　　　來不及，或不願意隨我們離開，那白色的病人服就成了
　　　轟炸的最佳目標……

　　　沉默。

清二：不要說了。現在回憶這個又有什麼意義？

乞食：我們還不是大老遠走來說這些話，讓她說吧。

沉默。

照美：他們……根本不在乎病院高掛的赤十字旗……第一次
　　　轟炸不久，還來不及埋葬屍體，第二波攻擊又來了……
　　　很多看護婦被炸得面目模糊，殘缺不全的雙手卻還是緊
　　　抱著繃帶和藥罐……我拿走她們手上血跡斑斑的繃帶，
　　　清洗乾淨後再使用……

沉默。
照美啜泣。

乞食：照美小姐……

照美：我想起來就覺得可怕……後來，聽說敵軍已經登陸，我
　　　們放棄竹子和木材搭建的簡陋病院，開始行軍，不能移
　　　動的病患，就由衛生兵注射毒藥，讓他們死去……

思螢：可是他們……

照美：放在原地等死太殘忍了。（頓）大概因為這個緣故，衛
　　　生兵也發狂了……

沉默。
照美啜泣。

清二：照美小姐，別說了吧……這麼難受的事情……

乞食：讓姑娘一個人談論可怕的回憶，不是男子應該做的事情，照美小姐，我也來講吧……希望可以幫你分擔一些……

沉默。

乞食：我曾經看到一個人倒在路上，喊著：「水啊……水啊……給我一點水……」我把水壺中少得可憐的水倒進他的嘴裡，但水又從喉嚨湧了出來，炸彈的破片穿過了他的喉管……青木伍長要我們繼續前進，因為一點忙都幫不上……他乾乾的聲音還在後頭喊著：「水呀，水呀，給我一點水……」

沉默。

照美：我知道……身為看護婦，要是看見自己救不了的人，無論如何都會難過的……

沉默。

清二：都結束了……不要再想了，我們的骨骸在叢林中腐爛，現在連一點痕跡都沒剩下，為什麼還要反覆回憶這些痛苦的往事，只因為這是我們第一次可以說出口……

士兵：照美小姐，還有人要來，你可以那時候再說。

照美：不⋯⋯不，我一定要說，為了那些死去的看護婦們⋯⋯
　　　為了我自己⋯⋯給我一點時間，我會說，我要說，我不
　　　能再等下去了⋯⋯

沉默。

清二：為什麼不？都等這麼多年了，還有什麼不能等的呢？

思螢：我想知道，你們到底在等誰？

照美：我不想等任何人，我知道就是現在，如果我終於回
　　　到⋯⋯

士兵：如果有個重要的人沒聽到，你不會覺得遺憾嗎？

照美：對我來說，沒有那樣的人。

士兵：那你為何說出「等」這個字？

照美：也許⋯⋯也許因為⋯⋯實在經過太久了，我怕自己忘掉
　　　細節⋯⋯

士兵：我在等，我覺得似乎還有人沒有來，而那個人很重要。

乞食：我只想知道青木伍長會不會回來。

清二：他不會回來了。

乞食：他會。

清二：他不會，他和帽子一樣，往南方去了。

乞食：那我們還留在這裡幹什麼？

沉默。

清二：讓照美小姐把她的故事說完吧。

沉默。

轟炸的光影與聲音。

照美：說是行軍，只是邊走邊躲避轟炸，我的同鄉常常來探望
　　　我，知道我們要撤退到叢林中，還帶了鹽和火柴給我，
　　　他說，好讓我這嬌弱的女子可以在叢林中活久一點……
　　　在行軍的隊伍中，我聽見他在對面的山丘叫我……

士兵：（扮演同鄉）照美！照美——我中彈了！拜託你救治
　　　我……

照美：太遠了，過不去啊……我只能含著眼淚和他揮手……

沉默。

照美啜泣。

照美：不，不要多說什麼了，讓我說到最後吧……護理長接獲
　　　命令，我們得翻過山頭，趕到指定地點，女孩們圍成一
　　　圈，讓士兵將手榴彈丟到我們之間……

士兵：你們收到玉碎命令？

照美：正是。

沉默。

清二：你們……就真的……

沉默。

照美：我們和士兵開玩笑，請他們丟準一點，不想像護理長那
　　　樣內臟流出來，痛苦地死去呀……過河時，她明明就在
　　　我身邊，但她被炸死了，我卻毫髮無傷……

沉默。

照美：在指定地點等待我們的是敵軍。我們被俘虜了，送進戰
　　　俘營。

沉默。

思螢：那你……可以回去了？
照美：我沒有回去。
思螢：可是……

沉默。

清二：不要再問啦。

沉默。

照美：小姑娘，來跟我跳支舞吧，我懷念我的修業旅行，大夥兒一起去東京，東京是個很美的所在，充滿了希望……我們去看戲、跳舞，雖然老有人說女學生跳舞是低俗之事，但我喜歡跳舞……我也喜歡油畫，我希望我能到東京學畫，成為可以入選帝展的藝術家……現在說這些有什麼用呢？那樣的時代不會回來了。

乞食：我這輩子還沒看過戲呢。（頓）本島人市街的戲院雖多，卻不是給我們這種下等人去的。

清二：在路邊看看野台就很好啦。

照美：坐在戲院的座席上，別有一番滋味，好像全世界只剩下你面前的舞台，只剩下你面前有重要的事情在發生，我喜歡這種感覺，就會像中毒一樣一再買票去看……

華爾滋音樂入。

照美：來跟我跳支舞吧，我們不要再等下去了！

思螢與照美共舞。燈光漸暗。

第二幕

思螢、士兵、乞食、清二、照美、醫生、阿水、春榮
船笛聲。

思螢：什麼聲音？

乞食：好像有船要入港。

思螢：船？

船笛聲又響。

醫生上。

醫生：（對照美）唉呀，我好幾十年沒看到這種制服了。

照美：你是衛生兵嗎？

醫生：我是醫生。畢業於台北帝國大學熱帶醫學研究所。我是

第四期畢業的。我帶了照片來，這樣有英俊嗎？（笑）大家都找舊的學生服出來穿，戴學生帽，去照相，拍了之後要去南洋，去戰爭之前照一張相……

照美： 我是在家附近的照相館拍的。

醫生： 其實也不是特地去拍，我們在等船來，等的時候很無聊呀。（頓）你們也是來搭船的嗎？

照美： 就算這班船可以到東京，我也不搭。

士兵： 爲什麼有船可搭？

醫生： 我呀，在今天下午心跳和呼吸都停止了，我脫離呼吸器和鼻胃管那些討人厭的東西，來到了這裡。我現在在等船來接我，我知道這次船不會延誤了。

思螢： 延誤？什麼意思？

醫生： 先說我們搭的船吧。幫我記著船的名字，「神靖丸（しんせいまる，sinseimaru）」，這是我搭的第一艘船，和我一起搭船的都是醫生，台北州、新竹州、台中州、高雄州……全台灣的年輕醫生和醫科生，幾乎都在這艘船上了。本來要將醫生全數送往婆羅洲戰場，但在西貢就被擊沉了。船上的人大多死了，死亡率大約75%，只有少數人活下來。

思螢： 你是怎麼從船上逃出的呢？

醫生： 我呀，還沒有到西貢就下船了，船上的衛生很糟糕，每

　　　　個人發給你一雙筷子，兩個竹筒，一個裝飯，一個裝湯，每天飯菜大多是冷飯配味增湯，尿盆在船艙發出臭氣，很多人得了痢疾，一直腹瀉。就算是醫生，沒有藥品也沒有辦法，在海南島停靠時，就被送進病院了，我也是這樣。船要出發前，我其實已經好轉了，但醫生建議我再靜養一陣子，搭下一班船，我就留下來了。其他病癒的人，都再搭上神靖丸，往南洋去了。

照美：你真是幸運。

醫生：也許吧，如果我有什麼特別幸運的地方，應該就是活到這個歲數，接連逃過死劫。我的朋友裡頭，有個人一回來台灣，就被抓去火燒島關了十年，到他過世，都不知道為什麼被抓。

照美：……也許沒有回去是對的吧？

醫生：我後來看別人寫的紀錄，有的人船沉下去，他有浮起來，但腳折斷一隻，終身行動不便。有的人看船要沉了，就從船艙的窗戶爬出來，才僥倖不死，那個人的弟弟也是坐在裡面，運氣不好，爬不出來，船沉了，就死掉了。（頓）如果當初有掛赤十字旗就好了，醫療照護是人權，依照國際公約，不能傷害醫生……

　　　　沉默。

照美啜泣。

清二：照美小姐，別哭了，都過去了。

照美啜泣不止。

醫生：後來，我病好了，長官要我去新加坡待命，看看神靖丸
　　　會不會經過——沒有人知道船已經沉沒。我搭上一艘商
　　　船改建的運輸船，上面掛著赤十字旗，裡面裝的卻是各
　　　式各樣的炮筒、炸藥、魚雷。我戰戰兢兢地過了八九
　　　天，抵達目的地才鬆了一口氣，要是遭遇敵軍，只要一
　　　發魚雷、幾顆子彈就可以輕鬆引爆整艘船……

沉默。

思螢：所以說，日本自己破壞了這個規矩？
醫生：可以這樣說吧。
思螢：為什麼要這樣做？
醫生：士兵拿的迫擊砲，都是和露西亞戰爭時留下來的，鋼鐵
　　　也不夠，不偷吃步怎麼可能打得贏？
思螢：可是……
士兵：那麼，就算掛上赤十字旗，也免不了被擊沉的命運吧？

　　　沉默。

醫生：沒錯。

　　　沉默。

醫生：幾年前，我聽到有人在尋找神靖丸的「遺族」，收集每
　　　個人的經歷，定期聚會，發起人也是一名醫生，他的
　　　父親隨著神靖丸一起沉沒了……他給了我一個小小的
　　　瓶中船，我湊近前去看船上的名字，是神靖丸。他說，
　　　他餘暇時，就看著幾張舊照片，參考其他船隻，終於做
　　　了出來。神靖丸裝在小小的玻璃瓶中，再也不會去其他
　　　地方了。

　　　醫生拿出船隻模型，放在思螢手上。

思螢：（扮演女兒）我將在父親死後一個月出生，目送父親離
　　　開時，母親尚不知自己懷孕，左手牽著大哥，右手牽著
　　　二哥，她不知道自己將終生攜帶一個小鐵盒，伴隨她度
　　　過寡居歲月，甚至遠渡重洋，來到美國久居。鐵盒內珍
　　　藏一捲膠片，還有一張父親的相片。她不知道父親將會
　　　死於船難，她將會在晚年的病床對我說，就算早知如
　　　此，也不後悔嫁給他……我將為她把珍貴的賽璐珞膠捲

遞送出去，直到它成爲螢幕上的黑白影像。那時，我將會第一次看見活生生的、我的父親，他走著、跳著，歡欣地牽起母親的手，穿著有點僵硬的禮服，靦腆地笑……我和母親將會發現，父親的鼻子與我驚人地相似，我們也共享同樣靦腆的笑……1945 年 1 月 12 日，神靖丸在越南聖雀岬沉沒，那時的我還未出生到世上，父親也不知道，我也將成爲一名醫生……對父親來說，他不知道母親當時已經懷上我，不知道他還有一個素未謀面的孩子，我是他不存在的女兒。（頓）而對我來說，在我漫長的生涯中，我死去的父親，反而比較像是虛構的。我將會在結婚典禮時，回憶起母親存放在鐵盒中的膠卷；將會在年歲超過父親時，飛到越南，在沉船地點放下花圈，看它逐漸漂遠，直到再也看不見。我將會在父親死後一個月出生，並在一生中多次回想這個不存在的父親。

沉默。

醫生：談到戰死之人，人們常會引用聖經：「神要擦去他們一切的眼淚；不再有死亡，也不再有悲哀、哭號、疼痛，因爲以前的事都過去了。」

　　　沉默。

醫生：這話很美，可惜我不信神。

　　　沉默。

　　思螢將船隻模型放在紀念碑前。

醫生：你們不搭船嗎？

清二：我們是沒搭上船的一群人。

乞食：現在有機會了，和醫生一起搭船吧。

照美：我不要。

士兵：為什麼？可以的話我也想搭船。

照美：不要就是不要。我討厭船。第一次是去東京的修學旅
　　　行，第二次是去馬尼拉，我沒辦法適應，拚命嘔吐，被
　　　同學取笑……

乞食：我第一次，也是唯一一次搭船，就是去南洋。

醫生：我很喜歡船，我這一生搭了好幾次船吧，最後一次，是
　　　回基隆港，後來我連海都很少看到了……

思螢：你們是要回到哪裡去嗎？

醫生：國外做了一個研究，士兵搭船和搭飛機回故鄉，感覺是
　　　不同的，他們可以在船上談很久的話，談自己死去的同
　　　袍和戰場發生的事，等他們回到正常的社會，會比較願

意接受自己離開了戰場。

思螢：我也可以搭船嗎？

醫生：為什麼呢？

思螢：我總覺得我該下個決定。我每天望著天花板發呆，不確定要不要投履歷，還是在床上再躺一下下，我開始害怕出門，不知道怎麼面對活生生的人，不知道別人怎樣看我，應該穿什麼衣服，怎樣說話⋯⋯我不能這樣每天躺在同樣的地方⋯⋯

醫生：這艘船也許和你的生活沒什麼關係，但你搭上來吧。

照美：我不要搭船。

醫生：我們的南丁格爾小姐非常堅持。

乞食：照美小姐，你如果不願意搭船，為什麼在這個日子，你又回到了這裡呢？這裡是你的故鄉，你還是回來了呀。

沉默。

照美：也許我是在等人回來吧⋯⋯也許我只是想念⋯⋯

思螢：照美小姐在等誰呢？

照美：我曾經有一個戀人，說好等他去滿洲賺夠錢，我們就結婚，沒想到遲遲等不到他回來⋯⋯他的朋友從滿洲回來，告訴我，他負心愛上別的女人了⋯⋯因此我才斷然去了南方⋯⋯

清二：照美小姐真是太傻了，只有想逃避兵役的男子才會去滿
　　　洲啊！

乞食：我也動過這個念頭，但許多人從滿洲灰頭土臉的回來
　　　了……那邊也受戰爭的影響啊！

> 船笛再響。
> 春榮上，拖曳著象徵船頭的推車，推車上有一個舵。
> 春榮將推車和椅子連結在一起。
> 眾人站上椅子，象徵搭船。

士兵：船進港了！

春榮：（敬禮）我是第二期海軍志願兵張春榮，在基隆受訓結
　　　束後，要到內地繼續進修。很高興各位搭乘這艘運輸
　　　船，我那時搭的船叫做護國丸，我記得船長是一個老先
　　　生，我們上船時，他就站在岸邊盯著我們，彷彿我們不
　　　是士兵，而是一群小雞。

> 船笛又響。
> 照美反悔逃跑下船，被乞食、清二阻攔。

乞食：照美小姐，為什麼要逃跑呢？

照美：我不要回去！

清二：你已經在故鄉了。

照美：我不要回去給人笑話，不好好嫁人，去戰爭了還輸掉。

乞食：邪是日本人戰敗，可不是台灣人戰敗啊。

清二：不然我陪你留下來等，也許青木伍長還會回來。

照美：他不會回來了，怎麼會有人要回來做中國人？我是日本人，天照大神的子民，我不是中國人！（頓）我不要做中國人⋯⋯

　　　沉默。

照美：高大的米軍押著我們進到戰俘營中，土人用有限的日語咒罵著我們，對我們丟石頭，我心裡想著，啊，果然是戰敗了啊⋯⋯在俘虜營的生活很好，看到一罐罐藥品和乾淨的繃帶被排列得整整齊齊，我簡直想流淚，米國真是個強大的國家，相比之下，馬尼拉的野戰醫院簡直像扮家家酒一樣。

　　　沉默。

照美：護理長之前有發給我們一人一顆藥錠，叫做「昇汞丸」。

醫生：裡面是水銀嗎？

照美：我不知道。她說，若被敵軍俘虜，可能會被強暴，到時候就吞下藥丸自盡。

思螢：那麼……

照美：什麼事也沒發生，我們一面從事簡單的勞動，一面惶惶
　　　等待可能有的處分，以及返回台灣的船班。米軍給我們
　　　牛奶、罐頭、餅乾和黃油……我看著那些高鼻子、金頭
　　　髮的軍人們，小心翼翼提防他們，害怕他們突然施暴，
　　　但一天天過去，什麼事情都沒有發生，沒有人告訴我們
　　　未來會如何，只知道廣島和長崎被炸得稀爛，比關東大
　　　地震還要恐怖……我越來越常在半夜聽見其他看護婦
　　　在哭……只要有一個人哭，其他人也會跟著哭起來……
　　　我們在港邊等待船隻，一面討論台灣可能也被炸得千瘡
　　　百孔……不知道家人還在不在，搞不好早就在空襲中死
　　　去……我看見我出發的港口……紅色……機槍……士
　　　兵，軍服破爛的士兵，一卡車一卡車地來……廣播開始
　　　了……不要過去！

　　　照美啜泣。

照美：死了……都死了……屍體漂在海面上……

　　　照美啜泣。
　　　沉默。

照美：我實在太害怕了，聽到要做中國人的消息後，我吃了

那藥丸。我回不去海的另一端了……開始全身抽搐……胃很沉，像是裝了石頭……我躺在地上，不斷流淚……好痛……真的好痛……再來是吐血……滿嘴都是鐵鏽味……我又看見港口……人們的手掌被鐵絲串在一起……車站……掃射……醫生趕緊拿牛奶餵我喝……來不及了……我哭著和大家一一告別，請他們不要把我的骨灰帶回台灣……我不願見到故鄉飽受摧殘……想把人擠人的熱鬧街市留在我眼中，做為最後的印象……

沉默。

照美：我閉上眼睛前，看著血一樣紅的太陽漸漸沉進叢林，沉進山的另一端，心想，天照大神啊，照美為了您上戰場，也將埋骨於此了……

沉默。
照美啜泣。

照美：不要安慰我。不要說。我知道，我沒有那麼堅強，這是最好的選擇了。

沉默。
船笛鳴響。

春榮：船要開了。

> 船笛鳴響。
>
> 照美被乞食、清二帶回船上。
>
> 開船，眾人像坐船一樣東倒西歪，只有春榮穩穩操舵。

醫生：我來說一個故事，我到了新加坡，每天就是在港口晃蕩，看看我的船會不會來。有天，一艘大船臨時停靠，船上的人下來打電話，大概是悶壞了，就和我聊起來。那人也是台灣人，我到現在都還記得，那船叫做「阿波丸（あはまる，ahamaru）」，從雅加達來，他說他是日本石油公司的技術員，他說，他們在南洋發明了生化石油，也就是人工的石油，他們這一組人要回去日本製作人工石油。

思螢：什麼是人工石油？

醫生：用植物下去發酵，類似製造酒精那樣，可以做航空燃料，給軍機用。

乞食：為什麼酒精可以當石油用？那配給的酒也可以給軍機當作燃料嗎？

清二：人家醫生是讀書人，你聽就好了，不要問。

醫生：我不是學這個的，也不是很清楚詳細狀況是怎麼回事。（頓）總之談了一會，他就回船上了，不久，那艘船就

又出海了。（頓）回到台灣，有一天突然想起來，又回頭去找這艘船的消息，才知道它在台灣海峽被擊沉了，船上載著大量的金仔粉、鋁礦、鑽石、黃金……日本人從南洋搶來的東西，都要載回去做戰略物資，整艘船裝得滿滿的，超載了一倍的重量……

春榮：哇，那船還開得動嗎？

醫生：船上有兩千零三人，加上一個剛在船底誕生的嬰兒，是兩千零四人，就這樣被四粒魚雷擊沉了，兩千多人就在同日死去。盟軍偶然救起來的人是阿波丸的廚師，廚師說，他曾到法國習藝，會做道地的法國料理，潛艦的艦長非常高興，留他下來做自己的大廚，其他人都和船一起沉沒了。（頓）日本人說，坐車或坐船時出生的小孩子特別好運，結果那個小嬰兒沒好運，生無幾日就死去了。

春榮：這麼大一艘船，輕易就被擊沉了？

照美：真可憐。

醫生：我後來看書才知道，這艘阿波丸本來該回去日本，在港口等待的人以為船隻因事故延誤，過幾日才知道，那艘船在台灣海峽給人擊沉了。等待的人都很絕望，那艘船上的人都是對戰爭很重要的人物，要回去日本做生質石油，但那些人都死了，要做什麼都沒辦法了。我看的書

裡有船行經的路線，從哪裡駛去哪裡，經過台灣以後怎麼行駛，路線都訂定得很好，船隻被打沉，當然就沒辦法繼續下去了。（頓）可惜啊，如果讓技師們回到日本，也許靠著新的燃料，還能挽回戰爭的頹勢。

春榮：醫生，你太樂觀了。單憑幾個人是不可能的。

醫生：怎麼不可能？那可是新科技呢！

春榮：我們知道的都太少了，就算是你也一樣。

沉默。

思螢：我沒辦法想像你們是怎麼在這樣的地獄活下來的……

乞食：也不能說是地獄啦，好活歹活，一天過一天囉。

清二：我們也有很多可炫耀的地方，你沒看過手臂這麼大的蝙蝠吧？

思螢：我連蝙蝠都很少看到。

乞食：我們都把蝙蝠烤來吃。

照美：戰爭剛開始的時候，我每兩周放一次假，就到馬尼拉的街上閒逛，那時什麼事情都很新鮮，看護婦的制服也讓我覺得神氣極了，還能和許多同學和同鄉見面……我覺得那時雖然辛苦，但特別快樂。

士兵：是啊，戰爭剛開始的時候，吃得比家裡還要好，又有菸可抽……在心裡默默想起家人，都會覺得有點愧對他

們。

醫生：我是直到換了單位，跟著老師做研究才有好東西吃的，
　　　真慘啊。

　　　眾人笑。

思螢：海面上好像漂著什麼？

士兵：是人嗎？

照美：是人可不得了了，救起來吧。

乞食：是敵人怎麼辦？

醫生：依照公約，敵人也得救的。

清二：望遠鏡！（觀察）是個金頭髮的！不知道是荷蘭人還是
　　　米國人！

春榮：借我瞧瞧。

　　　清二、春榮交換位置。

春榮：我們開近一些吧。

照美：我們用什麼把他撈起來？

思螢：我手中只有一塊布……

乞食：不要理所當然地要救他，我才不要救對死人撒尿的米國
　　　人呢……我躲在樹叢後見過……他們對屍體撒尿啊！

醫生：望遠鏡給我……好像是飛行員……讓他上來，我問問他

　　飛機的事。

清二：醫生！是敵人啊！

醫生：你們不懂，戰爭對我來說已經結束七十年。我有很多事
　　　想知道得詳細一點。

士兵：我們把外衣脫掉，打結，就可以把他拉上來。

照美：好主意！

清二：我不會配合喔。

醫生：醫師袍借你們吧。

春榮：陸軍都是配槍的嗎？

乞食：我們一人有一把，有長的步槍，腰際有手槍的官階比較
　　　高。

春榮：你替我抓穩這舵。

　　　春榮狠狠撞了士兵一下，士兵摔在甲板上。

士兵：他拿走了我的槍！

照美：你想做什麼？

春榮：照美小姐，請你讓開。

清二：照美小姐！

春榮：你最好抓穩那舵。

　　　僵持。

醫生：春榮！戰爭已經結束了！

春榮：醫生，你走開。

　　　春榮大步走去撞開醫生。

　　　醫生摔在甲板上。

　　　槍響。

　　　思螢尖叫。

照美：你殺了他！

　　　照美哭泣。

照美：我不想再看見人死了，我不想看見血漂在海面上，緩緩
　　　暈開……

思螢：（發抖著）好可怕……為什麼？為什麼要這樣做……

　　　思螢啜泣。

照美：你過來我這裡，過來，讓我抱你，小可憐，你從來沒看
　　　過這些……

乞食：第一次，我第一次看到人死掉，是我身邊的傳令兵被迫
　　　擊砲炸死……

醫生：戰爭啊，戰爭……不要哭了，看到你哭，好像我孫女在
　　　哭一樣，不要哭了，你想像自己是個醫科生，第一次看

到病人死掉……習慣就好了……

思螢啜泣。
沉默。

思螢：他剛剛殺了一個人……

春榮：是的……殺人……

乞食：我知道殺人，當鄰兵的腦漿和血噴在我身上……

清二：如果我去開戰鬥機，我也會炸沉所有的船。

士兵：我們也都殺了人，只是不在你面前……

沉默。

思螢：你們是凶手！

醫生：對，我們是，就算醫生也不例外。

思螢：所以，你們要告訴我，戰爭就是互相比賽殺人？

士兵：可以這樣說。

思螢：包括我阿公也是？

士兵：包括進六。所有人都是。

思螢：你們全是戰犯。

乞食：我才不要接受審判。

清二：傻瓜，你可沒活到那一天。

思螢：你們都是發動戰爭的幫凶。

照美：你能拒絕嗎？和男子相比擬的榮譽、遊行、歡送隊
　　　伍……

思螢：照美小姐！

士兵：我和進六如果不去，一大家子人都會餓死……

乞食：公學校的老師叫我簽名，我不肯，校長叫我去訓話……

清二：我想和日本人一樣。我想成爲不輸任何人的男子漢。

醫生：唉，別說了……都別說了……

思螢：不要找藉口，你們難道沒看到他殺了一個手無寸鐵的人
　　　嗎？

　　　沉默。

春榮：我不殺他，他就會殺人，飛行員比飛機還要可怕。

　　　沉默。

春榮：我的船在長崎附近被擊沉。我死了，船長跟船上三百多
　　　人一起命喪大海。跟我一樣的台灣人有兩百個。

照美：在長崎？

春榮：是呀，連內地的海域都保不住，戰敗只是早晚的事。

　　　沉默。
　　　思螢憤怒地盯著春榮，春榮無力地坐地。

春榮：（懊惱）看到了嗎？看清楚了嗎？無辜的人莫名其妙的死掉，這就是戰爭。拿槍的殺沒槍的。（回瞪思螢）你以為槍哪來的？沒槍的人買給士兵的！

乞食：命啊，命啊。

沉默。

醫生：你的船有護衛艦嗎？神靖丸連同附近的護衛艦，有四十多艘船，全被炸沉了。

春榮：有，但因為船員痢疾，加上船艦尚未修復，護衛艦只好改變航向，離開任務。後來派來的兩艘，又跟不上護國丸。被襲擊的時候，雖然以躲避魚雷的之字航行，但還是躲不過……偵防機很早就有敵軍出沒的消息，但護衛艦跟不上也無濟於事。

春榮：第一顆魚雷擊中護國丸時，我在甲板上乘涼，船艙太熱，根本睡不著，突然就晃了一下，左舷漸漸下沉……有一批人去解除船上的深水炸彈，若炸彈爆炸，恐怕沒有人能活命……船長叫大家穿上救生衣，由右舷降下救生艇，帶著我們高呼三聲：「聖壽萬歲！」便宣布棄船，他沉著地對我們一一說：「要好好活下去，但不要忘記今天。」

　　　沉默。

春榮：「不要忘記今天」……現在十一月，海水一定很冷。

　　　沉默。

春榮：我奮力游，還是被捲入沉船的漩渦……周遭的東西都一
　　　起捲進去，我揮動手腳……海水越來越冷，手腳失去
　　　知覺……一片黑暗，我聽見有人唱〈軍艦進行曲〉……
　　　聲音也越來越大……耳朵被海水淹沒，我隨護國丸沉入
　　　深海，軍歌四面八方縈繞……

　　　沉默。

春榮：媽媽，真的好冷……

　　　眾人皆沉默，照美安撫了思螢的情緒，並走到春榮旁，
　　　也輕聲安慰他。

醫生：我出征前，看見的淨是誇張的戰報，又在哪裡擊沉了幾
　　　艘盟軍的船隻，好像戰爭就要贏了，私底下悲慘的消息
　　　卻越來越多……回到台灣，大家對戰爭的熱鬧突然冷下
　　　來，沒有人到車站接我，我走了三天才回家。

　　　阿水上。

阿水左右張望。

阿水看見思螢手上的千人針。

阿水：布條⋯⋯把布條給我⋯⋯

士兵：剛剛怎麼沒看見你？你是怎麼上船的？

阿水：我剛剛就一直跟著她。（對思螢）給我吧，那是我的布條。我在上面寫了遺書，託人帶回家鄉給我的母親⋯⋯

思螢：遺書？

阿水：我被判了死刑，絞刑之前，同袍給我帶來白布，跟我說，如果有什麼想和家人交代的話，趕快寫在上面吧，他們的罪刑較輕，會幫我帶回去台灣⋯⋯

思螢：為什麼會判死刑？

醫生：戰爭之後的國際法庭吧，說是法庭，其實也就是在沙灘上搭幾個棚子，阿斗仔坐在裡頭，對戰俘進行很隨便的審判而已。

照美：你在哪裡？

阿水：婆羅洲的山打根，我是軍屬，是戰俘監視員。

照美：我在馬尼拉。

阿水：聽說那邊也有審判⋯⋯你有嗎？

照美：差一點。我可是看護婦呢，我是人道與醫療的代表，他們居然說看護婦是戰爭罪行的加害者，開什麼玩笑！

阿水：你也懂英語？

照美：以前在女子學校學過一點。

阿水：眞好，我也想上學。（頓）其實我們也用不到什麼英文，
　　　肢體動作就可以了，曹長兇我們，我們就兇他們，他們
　　　怕了，就會聽懂一點命令。

醫生：我也差一點點要用到俘虜，好險那時戰敗了。

　　　沉默。

阿水：但你沒有被審判。（頓）這艘船開往哪裡？上岸之後，
　　　我們會重新被審判嗎？

醫生：（對思螢）問她吧，我沒有見到重審，下一代人恐怕連
　　　這都不知道了……

　　　沉默。

照美：我們來重新審判吧！讓小姑娘主持。

思螢：爲什麼是我？

醫生：因爲你是唯一被留下的人。

照美：你，就從你開始，她會給你一個公道的。

思螢：我可以嗎？

士兵：只剩下你可以了。

思螢：我不行的。

士兵：只有你帶著那樣的眼睛，又看過現代的風景。

思螢：你們最後都要離開嗎？

士兵：傻瓜，我們本來就是死人了。

照美：快點，審判要開始了。

沉默。

阿水搬來椅子，疊好，爬上高處。

阿水：我是黃阿水，大正十四年生，台中州人，我因虐待及
　　　殺死俘虜被判刑。每個人都和我做一樣的事情，但有
　　　人比較幸運，過一陣子就被減刑，死刑減成十年徒刑，
　　　十年徒刑變成無罪的人很多，但我……我真羨慕他們。
　　　我本來是十年徒刑，申訴之後，反而變成死刑。

沉默。

阿水：可憐戰俘的人，偷偷塞給他們食物，卻要被長官懲罰。
　　　曹長罰我們互相打耳光，打太輕的話，曹長會叫你重
　　　來。這是訓練，也是懲罰，我們很快就學會怎麼打戰俘
　　　的耳光，學會叫他們挖坑，挖好了，我們就到旁邊去，
　　　曹長會帶著士兵射殺他們，我們把洞埋好，還沒死的
　　　人，用鏟子打他的頭。

沉默。

阿水：鏟子很重……埋在土裡的頭，睜大眼睛……嗚嗚地說
　　　話……我的同袍會對他們說，是戰爭要殺你，不是我要
　　　殺你……

沉默。

阿水：舉高鏟子，敲碎……頭骨很硬，他們悶哼……剛開始我
　　　很笨拙，都要打個四五下，白色……腦漿噴出來，灑在
　　　黑色的泥地上，才真正殺死他們……同袍教我，把頭骨
　　　打碎，不要用鏟子去砍……那樣只會更痛……不要當成
　　　人，把他們當成西瓜……

沉默。

阿水：可是西瓜沒有藍眼睛、高鼻樑、嘴唇和牙齒，也不會喊
　　　媽媽……血和腦漿留在衣服上……我洗手，洗不掉觸
　　　感……鏟子打碎頭骨，有聲音，悶悶的……我閉上眼
　　　睛，依然能看到那些藍眼睛。

沉默。

阿水：什麼皇軍，根本就是皇奴……我們都是天皇的奴隸。

沉默。

阿水頹然坐下。

醫生：戰俘眞的很可憐，我在台中州實習時看過一次，他們被
　　　派去挖溪道，挖得寬一點，大水來時比較不容易傷到堤
　　　防。那時我還沒去南洋，我親眼看到的，看到要下雨
　　　了，他們被帶去那兒，很可憐啊，沒有可樂，也沒有ビ
　　　スケット可以吃，每個都瘦巴巴的，只剩骨頭。（頓）
　　　阿波丸上面的物資，也有很大一部分是要去救濟俘虜
　　　的。（頓）可惜後來載著五百噸的奎寧在台灣海峽沉沒
　　　了。

照美：五百噸！整個馬尼拉恐怕都沒有這麼多！

醫生：哈哈，那時要是去喝海水，搞不好可以治マラリア
　　　呢……

沉默。

阿水：我看著那些藍色、綠色、灰色的眼睛，時常想，如果那
　　　時聽老師的話，不要去皇民奉公會報名就好了……我
　　　一個人偷偷地去，沒想到居然遇到了公學校的野村先
　　　生，野村先生對我大吼一聲：「你來做什麼？」我小聲
　　　地說，老師，對不起，我們家眞的很苦很苦……我一

定得去……老師生氣了，說：「要錢可以找其他方法，你身體這麼瘦弱，撐不過部隊殘忍的訓練……」（頓）我再三哀求老師，老師深深嘆氣，說：「要去就去吧，要保重自己，平安歸來。」

沉默。

醫生：你的老師是很好的人……

沉默。

阿水站起，脫帽致意。

醫生：我也來說老師的故事吧，我後來輾轉到了印度尼西亞，和在帝大教過我的老師一起做研究。我去的地方是低壓研究所，做一些關於氣壓的研究，很危險的，你知道「氣密室」嗎？

思螢：氣密室？

醫生：氣壓有高壓，也有低壓，現在醫院裡就有用高壓做治療，用高濃度的氧氣，治療糖尿病造成的足潰爛，讓傷口的組織活化，比較容易復原。說是研究氣壓高低，不如說研究氧的濃度高低──簡單來說，人如果到太高的地方，沒有供給氧氣就會死。

思螢：太高的地方？爬山嗎？

醫生：不，比爬山還高。

照美：是飛機吧？

醫生：對，是戰鬥機的輔助研究，我的老師是個醫生，他會
　　　開飛機，是航空醫師。被人知道他具有航空方面的知
　　　識，就被徵召來主持這個低壓研究所。美國的轟炸機，
　　　像 B-29，因為整架飛機有四個氣密室供應氧氣，所以
　　　人員可以活動自如，不用背氧氣筒，也因為這樣，B-29
　　　可以飛到一萬兩千多公尺。零戰最多飛到八九千公尺，
　　　而人類最多只能在六千公尺的高空撐幾十分鐘，如果駕
　　　駛員來不及穿戴好氧氣筒等設備，很容易會昏迷。有個
　　　飛行員說，他曾在高空中昏迷過去，還好他及時清醒，
　　　看到河床上的石頭，想到快接近地面了，趕快拉升，才
　　　沒有墜機。（頓）人家美國科技進步，日本都說靠他們
　　　的日本精神就好了，但不行啊，人沒有氧氣還是會死
　　　啊。

　　　沉默。

醫生：平常是用動物做實驗，實驗室裡面有一個機器，用馬達
　　　把空氣抽出來，旁邊安上高度計，知道現在在模擬幾公
　　　尺的狀態，機器可以模擬到幾萬公尺，但我們不敢這
　　　樣做，就算給動物安上氧氣筒，到一萬五千公尺，動

物還是一下子就死了。我的工作很簡單，就是抓檢體、抽血、量動物的血球、血色素、白血球，做一些檢查。我曾經背著氧氣筒，進入一萬一千公尺的模擬環境中，好險我還活著。再之後的實驗，因為太危險，就不敢做了。

沉默。

醫生：有一天，老師說今天不做實驗了，我們去吃飯。我記得那是一家很高級的餐廳，餐廳裡都是海軍的高級將領，和位階很高的人員，我很忐忑，不知道老師要跟我說什麼，老師講了他過去的一些故事，和我說，接下來我們會有一場苦戰，我問他怎麼了，他搖搖頭。我問他，他又搖頭。

沉默。

醫生：老師像是下定決心一樣，和我說，西貢司令部的命令下來了，希望我們不要用動物，改用俘虜做實驗。用那些荷蘭的、英國的士兵來做實驗。

沉默。

思螢：那不就是人體實驗嗎？

醫生：沒錯。

阿水：國際公約中，不能虐待……

醫生：對，我們都知道。我一句話都講不出來。

　　　沉默。

醫生：老師問我：「田中君，要不要做？」（頓）田中是我當
　　　兵時的名字。

　　　沉默。

醫生：整間餐廳只有我知道他在說什麼。

　　　沉默。

醫生：我站起來，回答他：「報告，不做，我是醫生，不是殺
　　　手。」

　　　沉默。

醫生：老師說，他有一個計畫，希望我幫忙他。

　　　沉默。

思螢：是怎樣的計畫？

　　　沉默。

醫生：裝病。他假裝昏倒，住進醫院，和醫生說他可能是得了
　　　什麼病，叫醫生給他安排一連串檢查，驗血、X 光……
　　　等到結果出來要兩三個星期，我就在醫院裡幫忙照顧老
　　　師，應付西貢那邊的命令。兩個星期後，美國的原子彈
　　　投下去，日本就投降了。

　　　沉默。

醫生：還好給他等到了。再差一點，我們都撐不下去了。

　　　沉默。

乞食：原子彈是什麼？

阿水：是一種破壞力很大的武器，聽說把廣島和長崎幾乎都炸
　　　成平地了。

清二：聽起來好可怕。

照美：不知道這些真好啊。在戰俘營時，聽說我們將從日本人
　　　變成中國人，我立刻就哭了，我不想變成中國人。

醫生：我回台灣以後，又被中國徵召從軍，去戰場做軍醫。

照美：這樣啊，果然是這樣比較好吧。

　　　沉默。

醫生：我到現在還是不知道神靖丸上面兩百多個醫生要去做
　　　什麼，只知道要去婆羅洲。當時海軍、陸軍都問過了，
　　　沒有人知道，這艘船的任務很神祕，到現在都沒有人知
　　　道，保密到家。可能戰爭之後燒掉了吧。日本投降後，
　　　我就一直幫老師處理這些事，我問老師，資料都燒掉
　　　了，是不是有點可惜，老師搖搖頭，沒有說話。

　　　沉默。

醫生：那時候我剛從研究所畢業，才二十三四歲，還是個孩
　　　子，一點都不懂。

　　　沉默。

阿水：醫生，我想知道，為什麼是我呢？如果我也讀了研究
　　　所，如果我和你交換，是不是上絞刑台的人就是你了
　　　呢？

醫生：我也想知道為什麼是我，為什麼我沒有搭上神靖丸呢？
　　　為什麼我平安回到家鄉呢？

乞食：怎麼看這都是天皇的罪孽，是他下令要發動戰爭的。

照美：那戰爭後把我們丟在戰俘營無望地等待的日本人就沒
　　　有錯嗎？就算他們一一殺死了那些軍官，我也還是被困
　　　在馬尼拉……

清二：盟軍難道就沒有錯嗎？殺死我們的人難道沒有錯嗎？

醫生：戰爭後的破敗你們誰也沒見過吧？我最不理解的，是我被盛大的隊伍送著出去，回到台灣卻沒有人在等我……

士兵：現在的台灣沒有人記得我們嗎？

醫生：我定期參與一些紀念活動，裡面有你們這樣的人的家人，也有我這樣的人的家人，但始終沒有等到像出征時那麼盛大的隊伍……

照美：難道是自願出征的我們錯了嗎？

春榮：是天皇拋棄了我們啊……是天皇把我們拋棄在叢林、拋棄在海底、拋棄在蠻荒小島上的戰俘營……

思螢：不只是天皇，戰爭結束以後，所有人都拋棄了你們……

沉默。

照美：無罪！我是無罪的！

士兵：照美小姐，我們不是無罪的……

照美：天皇都是無辜的了，為什麼我們是有罪的？

阿水：是棋子有罪，還是下棋的人有罪？

士兵：如果我們無罪，那為什麼夢裡還是一陣陣槍砲聲，記得同伴的腸子和肉噴在身上，血腥味好幾天不散，記得刺刀插進人體的觸感，記得掉下來的眼睛……我們真的無罪嗎？如果無罪，為什麼會被惡夢折磨？

醫生：你說吧，只有你有資格說話。

沉默。

思螢：我很困惑……爲什麼要帶著痛苦活下去，阿公生病時，
　　　　每天努力要記住他發生過的事……好像只有記住這些
　　　　痛苦……爲什麼？

照美：戲院和舞廳都炸毀了，捧著咖啡杯的日子也不會回來，
　　　　我喜愛的一切都令我痛苦，但我還是牢牢記住。

阿水：爲什麼還要記住呢？

照美：在馬尼拉的叢林裡喝著生冷溪水的時候，只要能回想到
　　　　一點點溫熱咖啡的快樂，我就覺得值得了……就像坐在
　　　　戲院的座席上，我喜歡想像這齣戲是爲我一個人而演出
　　　　的……我覺得那樣就夠了，我經歷的一切都讓我可以說
　　　　我活過這一生……

沉默。

醫生：日本投降以後，我們準備回台灣之前，遇到印尼獨立戰
　　　　爭，印尼要獨立，但荷蘭人不肯，就發生戰爭。我們去
　　　　戰俘營的中途，剛好是印尼和荷蘭的戰場，我只是去小
　　　　便，差一點點就要被炸彈炸死啦，還好同伴趕快把我
　　　　拉過去他那邊。後來我常常在想，我如果那時候死掉，

既不是日本人，也不是中國人，不是印尼人也不是荷蘭
人……

沉默。

醫生：後來印尼和荷蘭談和，我們關在本來關印尼人的戰俘營
　　　裡面，有配給一些牛肉罐頭、ビスケット之類的東西，
　　　一個星期一罐牛肉罐頭，很好吃噢，不過我們沒有青
　　　菜，得自己種番薯葉，煮飯用的是汽油桶，要煮的時候
　　　就去摘一點。

士兵：我很懷念一種蜜柑罐頭，進六會拿來病院，偷偷給我
　　　吃……

乞食：我吃過那個牛肉罐頭，真的非常好吃。大概是我一生吃
　　　過最美味的東西了，裡面除了牛肉，還有筍絲。我們的
　　　糧食在空襲時被燒掉了，長官派我和清二去向分部的人
　　　報告，希望他們分一點糧食給我們。我們翻過一座山才
　　　到那兒，又餓又累，分部的小隊長拿了一個罐頭給我
　　　們，他得去和長官討論，在等待時，我們就先吃這個罐
　　　頭。真的是我吃過最美味的東西了，當我在叢林啃著檳
　　　榔樹和香蕉樹的心時，我常常會想起那個牛肉罐頭……

清二：我呀，最想念的是南洋的小溪，用頭盔一撈，滿滿的是
　　　蝦子，生吃起來甜滋滋的，連醬油都不用沾。

醫生：蝦有什麼了不起，我吃過鱷魚呢。

阿水：我們有嘗試抓過……皮太硬了，連刀子都砍不進去。

醫生：我教你，就用竹子戳進鱷魚的腳趾裡面，然後接橡皮管，打氣進去，把鱷魚當成氣球，充氣充到爆炸，皮就破掉了，可以吃裡面的肉。

思螢：好厲害！

醫生：這可是我自己想出來的。

照美：我想念在台灣喝咖啡的無憂時光……那時我和情人坐在大片落地窗前，對彼此嘻嘻笑，捧著自己也覺得苦的咖啡慢慢喝光，喝到最後，竟然有一點甜……

阿水：我在戰俘營才第一次喝到咖啡，我不敢相信世界上有這樣的飲料，又苦又濃，人生已經這麼苦了，還要喝咖啡……

醫生：我在大學的時候也常在咖啡館讀書，說是讀書，都是盯著女給發呆……後來，再喝到咖啡，就是在海軍餐廳的時候了……

思螢：後來你就回台灣了嗎？

醫生：是呀，搭船回去，還趕得及見我父親最後一面，他那時候已經病得很重了。

思螢：這樣啊。

醫生：也沒什麼啦，還能活著見到他們就好了。

思螢：你不會害怕嗎？

醫生：害怕當然是會害怕啊，但還是要回去呀。

思螢：但是……醫生，活下來眞的比較好嗎？

士兵：傻孩子，可以的話，每個人都想活著回去的。

醫生：你知道什麼事情最悲哀嗎？在回去的船上死掉。我船上
就有一個這樣的人，病得很重，我也沒辦法……距離回
到台灣只剩下三天航程，他等不到了。我們舉行了海
葬。是很簡單的那種，唱兩遍〈海行かば〉，每個人脫
帽致意，將死體緩緩放入海中。許多人哭了。好可惜，
就差一點點。

沉默。

醫生：那個感覺很奇怪，好像那個人代替我死掉了一樣，在那
之後我就不怕了，也沒有多想什麼，活著已經很幸運
了。

沉默。

思螢：那首歌是這樣唱嗎？

思螢唱了兩句。

士兵：你怎麼會？

思螢：這是我的搖籃曲。小時候阿公都唱這首歌哄我睡覺。

醫生：那個時候大家都會呀，比國歌還像國歌。

思螢：你們那個時候的人都好特別，像你說的，好像既不是中國人，也不是日本人，甚至不是台灣人……

士兵：也許因為努力活下去吧，不管日本人台灣人英國人，在戰爭的地獄裡，都只想留一口氣。

沉默。

思螢：我想要戰爭結束。我可以嗎？

眾人沉默看著她。

醫生：我搭船搭那麼多次，最喜歡的，是在沒有月亮的晚上，站在甲板上看星星，看南十字星，那是四顆星星，從星星的延伸線看過去，就可以看見南極星。我可以整夜看著天空上滿滿的星星，海很平靜，倒映著整片星空，像是整艘船行駛在銀河。

沉默。

思螢唱起〈海行かば〉，其他人漸次加入合唱。

眾人從椅子上站起，脫帽向紀念碑致意。

〈海行かば〉
海行かば、
水漬く屍；
山行かば、
草生す屍。
大君の　にこそ死なめ、
かえりみはせじ！

劇終。

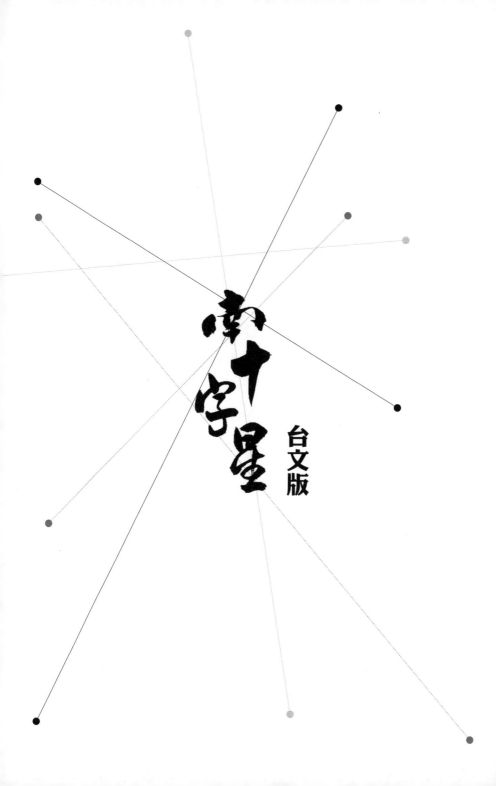

南十字星 台文版

人物

+ **思螢**｜ Su-Îng，阿公捌做台籍日本兵，照顧阿公一直到阿公過身。

+ **樹桐**｜ Tshiū-Tông，戲內號做「兵仔」，阿公的好朋友，佇戰爭中間破病死--去。

+ **保夫**｜ Pó-Hu，戲內號做「伍長」（gōo-tiúnn），戰死了後㤉（tshuā）乞食和（hām）清二的靈魂轉來故鄉。

+ **清二**｜ Tshing-Jī，戰死了後，靈魂予人引轉來故鄉。

+ **乞食**｜ Khit-tsia̍h，戰死了後，靈魂予人引轉來故鄉。

+ **照美**｜ Tsiàu-Bí，看護婦（khàn-hōo-hū），戰後無愛轉去故鄉，選擇自殺。

+ **阿水**｜ A-Tsuí，俘虜監視員（hu-lóo kàm-sī-uân），戰後予戰爭法庭判死刑。

+ **金枝**｜ Kim-Ki，戲內號做「醫生」，戰後坐船回鄉，閣予人派去中國戰場，後來平安轉--來。

+ **春榮**｜ Tshun-Îng，護國丸水兵，奉命去日本受訓的時，船予連軍（同盟國軍，見 246 頁說明）拍沉。

舞台場序説明

✦ **頭　序**｜舞台對病房換做戰場。

✦ **第一幕**｜場景對紀念碑換去海底，閣轉來紀念碑頭前。

✦ **第二幕**｜場景對紀念碑換去船底，閣轉來紀念碑頭前。

序幕

伍長、思螢

伍長搬破病倒佇眠床的老人。

舞台頂一頂病床，白鑠鑠的病房，機器咧行的聲。

霆雷公。

老人：我陷眠。夢著土人（thóo-lâng）。

思螢：有落雨。落真大齣。

老人：有霆雷公？

思螢：有。

思螢共老人蓋被。

老人：我夢著我綴軍隊佇深山林內，下晡時山內攏會落雨。落

足大。暗時較（khah）無雨。遠遠仔，看著草埔內底烏色的影，行過共看，有影是土人，規身軀烏趒趒。

電火轉換，舞台頂烏影四界飛，場景對病房轉去戰場。軍隊迵（thàng）過病房，個直直搬椅仔--入來。

老人：落大雨，阮對頭前行--去，土人徛佇遐咧共阮看。個無穿棕蓑，無穿衫，查埔縖（hâ）一片布，查某縖一條裙……我看著一個土人掠（liah）一隻山雞，徛佇雨中看--阮……伊烏轆轆（oo-lìn-lìn）的目睭和我對看，我真驚，想欲將目睭徙（suá）--開，煞敢若予土人的目睭食--去……

思瑩向（ànn）落去輕聲和老人講話。

老人：查埔--的（ê）。伊一手攑刀，雞頷頸閣咧流血，血佇伊的跤邊，滴甲像一窟（khut）細窟的窟仔，流對我遮來。我會驚。（頓）土人會食人。

思瑩向落去輕聲和老人講話。

老人：我毋知，有人行佇後壁、孤一個、無--去矣，別人就會講，彼（he）一定是予土人掠--去，掠去下落大鼎煮……

思螢向落去輕聲和老人講話。

老人： 無。土人干焦（kan-na）會覕（bih）佇草埔仔內偷看。
行倚（uá），俍就走--去。（頓）驚予土人看。阮袂輸賊，
偷提土人的物件。有人講慰安所有查某番，有一个部隊
專門掠俍去慰安所。（頓）我掠準俍咧講笑。像阮按呢
的人，袂當去慰安所。

思螢向落去輕聲和老人講話。

老人： 毋知，傷草地--矣，啥物都無。干焦海邊仔彼个軍港，
彼阮來進前就起好--矣。船靠岸，落貨。定定三工無
眠，忝就佇塗跤倒--一下。我嘛毋知，一跤一跤大跤柴
箱，鎮甲規四界，阮共箱仔排予整齊，崁（khàm）帆
布（phâng-pòo）。

舞台電火轉暗，爍爁（sih-nah）佮雷聲。

老人： 海邊仔有一間病院。佇島的另外一爿。

思螢： 閣霆雷公--矣。

老人： 我會驚。我會驚彼个聲⋯⋯轟炸⋯⋯海邊⋯⋯大隻鐵
鳥飛--來，鳥影崁佇我身--上，我離開樹林，一直走一
直走，彼隻鐵鳥栽佇樹林仔內，土石崩--落來，會予

埋佇內底，我驚會爆炸，若是燒--起來，就無所在通走……我一直走、一直走，毋敢停--落來，一直到爆炸的聲對後壁遐遠遠傳--來，才知影安全--矣。越頭過看，賰兩个深深的空。阮共死體對病院扛--出來，埋入去內底。足濟足濟死體……濟到我感覺我嘛是死體，一副一副，和我生做全款，鼻、目、喙……毋過攏無手捗（tshiú-pôo）。

思螢：是按怎無手捗？

老人：你去替我揣陳樹桐，替我提金仔粉予--伊……

思螢：陳樹桐是啥物人？

老人：伊破病，咧欲死--矣，攏我害--的，我無金仔粉……

思螢：我是欲去佗位揣--伊？

老人：去港口……我欲出發--矣……阮有做伙翕一張相……伊坐頭前彼班船走--矣……替我去港口揣--伊……

第一幕

思螢、兵仔、伍長、乞食、清二、照美

舞台頂一排空椅仔，演員一个一个過去坐，閣有一塊代表自焚者佮無名戰士的紀念碑。

思螢穿烏衫，共花囥佇紀念碑邊--仔。

舞台倒手爿下跤，有一塊像長廊的空間，長廊愛有略仔懸度，佇第二幕會變做船，規个舞台分做船底佮（kah）船跤，所有有關（iú-kuan）過去重現的事件，攏會佇船的場景搬演。演員嘛會對船出入場。船表示過去佮這馬相通的所在。

思螢： 阿公共退的話講了，就無閣精神--矣。（頓）我開（khai）

一段時間才知伊講的出發毋是講伊欲死--矣，我咧款伊
的手尾才想起這層代誌。我佇網路查，共別人探聽，才
知影伊出發的港口附近，有一個攏會辦紀念會的公園，
我臆（ioh）阿公欲揣的人就佇遮，因為逐冬攏會有人
來遮參加紀念會……（頓）阮阿公叫林進六，日本名
叫做小林進六。我是侬查某孫，我叫林思螢，毋知是
按怎，阿公攏叫我よこ（ióo-khooh）。（頓）我有時
陣會想講，迄無轉--來的人，敢攏有佇靖國神社內底？
怹有愛櫻花--無？我袂赴毛阿公去看櫻花，這馬伊敢有
和怹鬥陣？明年春天，怹敢會做伙看櫻花？怹敢會問--
伊，戰爭結束了後發生啥物代誌？台灣這馬生做啥物
款？（頓）我知影這馬的台灣，毋過對怹一點仔都無了
解，就像對阿公全款，若我知影伊任何代誌，攏傷慢--
矣。

兵仔--起來，看著思螢，略仔驚--著。

思螢：我聽無ビスケット（biscuit）是啥，阿公吵講欲食……
　　　落尾我才知，原來是一款餅。（頓）足奇怪著--無，逐
　　　家敢若攏無法度了解家己的阿公，我甚至無啥會曉講台
　　　語，若怹抑是阿公託夢予--我，凡勢我嘛聽無……（頓）
　　　毋過我想欲知影閣較濟--咧，一屑仔嘛好。（頓）喪事

結束--矣，逐工精神，我攏會想，除了阿公，我到底閣欠啥物物件，彼種心內空空的感覺，按怎補攏補袂滇（tīnn）……

兵仔沓沓仔行對伊遐，斟酌共看。

思螢：阿公一直咧想，伊是毋是袂記啥，伊愈想，就愈記袂起--來……我敢若嘛是。（頓）逐工五點，我嘛是會醒--過來，彼是共阿公換尿苴仔的時間，伊若精神，會有淡薄仔歹勢，毋過嘛是予我換。我睏佇伊邊仔的細頂眠床，不時會予伊的叫聲驚--著，伊用日語喝啥我聽無，有時仔那陷眠那吼（háu）那叫。（頓）我佇網路看著消息就來--矣，我想欲知影發生過啥物代誌，我想欲知影戰爭是啥物，我知影恁袂當講，毋過我嘛是愛來，我一定愛來，凡勢有人會加減共我講--寡……就像阿公全款。（頓）阿公上愛百合花（pik-hạ̍p-hue），希望恁嘛會佮意。

兵仔：（躊躇的款）よこ！你是よこ啦呼（honn）！

思螢：你是……

兵仔：你毋捌我矣喔？我朗伊對南洋轉--來矣！よこ，恁落尾敢有結婚？生幾个囝？

思螢：你是……你嘛是對南洋轉--來的喔？

兵仔：你毋是よこ？

思螢：阮阿公嘛攏按呢共我叫，毋過我毋知是啥物意思。

兵仔：你生了佮伊眞全（kāng）。（頓）已經過遘濟年--矣喔？

思螢：七十幾年--矣？

兵仔：我佮よこ有講好勢，我一定會焄進六平安--轉來，進六
　　　有好好--無？

思螢：眞好。伊佇兩禮拜前的一个下晡過身--矣。（頓）我毋
　　　知よこ是啥物人，和阿公有啥物關係？敢是伊的朋友？

兵仔：進六是恁阿公？

思螢：著。

兵仔：按呢，伊一定是嫁進六，你生了足成よこ，我掠準你就
　　　是伊。你是進六佮よこ的查某孫！

思螢：阮阿媽號做洋主（Iông-Tsú），毋是よこ。

兵仔：よこ就是洋子啊，彼陣（hit-tsūn）這个名眞時行。

思螢：洋主，洋是洋裝的洋，主是主人的主……啊，莫怪……

兵仔：よこ伊好--無？

思螢：伊佇我足細漢就過身--矣。（頓）伊應該算眞幸福。

兵仔：按呢--喔。（頓）按呢就好--啦。

**　　無應聲。**

思螢：你是毋是……我毋知你的名，阿公講，伊有一个好朋

友，和伊做伙去做兵。

兵仔：我無轉--來。干焦搣（me）一把沙轉--來。

無應聲。

雨聲入場，光線轉暗，雨的烏影落佇兩个人身--上。

兵仔：落雨的時陣，我定定想著台灣的西北雨。彼是全款的
　　　雨，南島的雨。我定咧想曆，空氣的味無全款，連弓蕉
　　　的味嘛無全款。

警報聲霆，電火變紅。

飛機的烏影對兩人頭殼頂過。

兵仔：空襲的時，我死無去，戰機的聲，足大聲，聽--著就愛
　　　緊覕--起來。干焦火金蛄（hué-kim-koo）毋知欲覕，規
　　　欉樹仔攏火金蛄，輕輕共搖--一下，火金蛄就像揣無路
　　　的星，閣飛入空中。（頓）飛機足大台，離塗跤真遠，
　　　空軍看袂清楚，掠準光光的樹仔是敵人的寮仔，炸彈就
　　　會對遮擲。

思螢：了後咧？

兵仔：樹林就燒--起來矣。

思螢：按呢欲按怎？

兵仔：無按怎--啊，明仔載落雨的時，火就化（hua）--矣。

思螢：恁是毋是嘛會燒……彼（躊躇）……死體？

兵仔：照規定，是愛。

思螢：實際上咧？

兵仔：我無 hông（予人）燒。（頓）毋是全部。

思螢：你？

兵仔：我死佇病院。戰爭到尾仔，連食都無，我佮恁阿公是全
　　　一个庄頭來--的，伊去偷提藥仔來予我食，嘛是無效，
　　　我嘛是死……マラリア（Mararia，瘧疾）實在驚--人。

　　　無應聲。

兵仔：我是不是無應該共你講遮--的？

思螢：無……遮的代誌我攏毋知。我是佇遮咧等--爾（niâ）。

兵仔：遮爾（tsiah-nih）拄仔好，我嘛咧等--人。（頓）閣有
　　　人會來。

思螢：其他的人？

兵仔：著，今仔日是真特別的日子。

　　　伍長焄乞食、清二列隊，唱《步兵の本領》。

兵仔：你看，倌來--矣。

伍長：気をつけ！（きをつけ）

　　隊伍停--落來。向紀念碑行禮。

伍長： 陸軍（liòk-kun）第 36 師團 222 連隊，下士青木保夫報
　　　告：經過ビアク（Biak，比亞克）島戰役（tsiàn-ik），
　　　雖然奮勇作戰，上等兵陳乞食、吉村清二不幸戰死，到
　　　今無人收葬，魂靈無所歸處，將其引--來，歸於故土。

　　伍長幹--過，面對乞食、清二。

伍長： 任務結束，已經轉--來故鄉，恁會當歇睏--矣。

　　伍長對紀念碑閣行一擺禮了後，行對船的長廊，離場。
　　乞食、清二寬寬仔坐--落來。

思螢： 恁對佗位來--的？一定足忝--的呼。

乞食： 哎喲，足久無看遮爾古錐的姑娘仔--矣呢。

清二： 這位小姐是……？

兵仔： 是阮戰友的查某孫--啦。

乞食： 已經過遮久--矣……這个時代，敢閣有戰爭？

思螢： 我毋知這有算和平的時代--無，毋過我是毋捌拄著戰
　　　爭。

乞食： 遮好的時代。阮--喔，行足遠足遠的路，才對ビアク島
　　　來到遮。

思螢：ビアク島佇佗位？

兵仔：ニューギニア（New Guinea，新幾內亞）。（頓）我
　　　嘛佇ニューギニア，我佇マノクワリ（Manokwari，曼
　　　諾瓦里）島。

清二：恁對足遠的所在來--呢。咱算戰友，我敬--你！

兵仔：（提家己的杯仔--起來）乾杯！

清二：（提家己的杯仔--起來）乾杯！

兩个人輕輕仔共水瓶（pân）碰--一下。

思螢：拄拄仔行--去彼个人，敢會閣轉--來？

無應聲。

乞食：毋知--呢。

兵仔：我看伊行對海--裡。

清二：伊袂閣轉--來矣。

乞食：咱等--一下，無的確等--一下，伊就轉--來矣。

無應聲。

思螢：彼个人敢是恁的長官（tiúnn-kuann）？

無應聲。

乞食：著，伊是青木伍長。

清二：青木伍長叫阮對頭前一直行--去，莫停，啥物時陣變做按呢--咧……

綴講話的聲音，海湧的聲愈來愈大聲。

電火轉做藍色，戰機形的投影。

乞食：阮行對海--裡去，海水淹過腰，我看青木伍長，伊講：「繼續，閣行。」阮行對珊瑚（suan-ôo）內底，熱帶魚（jia̍t-tāi-hî），海水真清，ゼロ戰（零戰機）的プロペラ（propeller，螺旋槳）發甲規个攏是海草，機翼散甲規四界，一大陣魚仔，五花十色的魚，泅過遐夕去的戰機殼……

清二：彼是零戰二一，這爿的是……

兵仔：這是一式陸攻……彼是？

乞食：是二式大艇。

清二：足濟隻……你看彼爿，彼是彗星，閣有這隻……

乞食：青木伍長雄雄喝一聲：「恬恬！」我佮清二就恬--落來矣。

清二：阮若行一步，清清的海底就沓沓仔變濁，魚陣走閃，我排佇上後壁，看袂清楚，逐步攏足重，跤攑--起來，踏--落去，攑--起來，踏--落去……行入海上深的所在，愈

　　來愈暗，漸漸無日……一遍（phiàn）墓仔埔，生鉎的
　　鐵仔，石頭，零件……

兵仔：退飛機的主人攏離開--矣。

乞食：足崎足崎的崎，逐步攏爛塗，海底飛--起來的块埃
　　（ing-ia），敢若佇路裡……趨（tshu）入海底的大落崎，
　　噗一下趨入一遍塗沙內底，沉佇海底的各種骨頭、幼
　　沙、海草的幼幼仔……規个攏块--起來，我啥物攏看無，
　　敢若閣共清二踢著一兩个。

清二：濁濁濁的沙散--去，海底有一遍平原，予人拍--落來的
　　飛機佮沉--落來的戰船……

乞食：武藏！彼隻船是武藏--呢！

清二：佮大和丸全款，世界上大隻的軍艦（kun-lām），駛佇
　　海--裡上有範的武藏，嘛予人拍沉--矣諾（hiooh）……

乞食：這改青木伍長無共阮罵，伊伸手撏（jîm）橐袋仔的薰，
　　煞雄雄想著遮是海底，伊笑--一下，毋過無聲，伊的喉，
　　歕（pûn）幾若个泡（pho）--出來，泡直直衝（tshìng）
　　--起去（khí-lih）……伊共薰擲佇跤邊，薰略仔絞一个
　　螺仔旋（lê-á-tsn̄g），就恬恬倒佇海底--矣。像武藏全款。

清二：我問青木伍長，日本是毋是戰輸--矣？

乞食：伊無共我應。

　　無應聲。

清二：阮……死--矣諾？

乞食：青木伍長無應，繼續對頭前退行--去。

*　　無應聲。*

清二：阮是按怎死--的？

*　　無應聲。*

乞食：伊嘛是無應。

清二：我問幾若擺，嘛感覺眞忝（thiám），就無閣問--矣。我綴佇乞食尻脊後，恬恬仔行過武藏身軀邊，我咧想，軍艦和戰鬥機敢有靈魂？按呢，個敢會想講欲轉去頭仔出發的所在？

乞食：阮行足久足久，佇足深、足深的海底，攑頭看，所有的船攏像一片細細片的葉仔，對我頭殼頂行--過。迄過海底深深必巡（pit-sûn）的所在，距（peh）上海--裡的細粒塗山，毋知是按怎，青木伍長攏知影愛行對佗位去，伊就馬阮一直行、一直行。

*　　無應聲。*
*　　電火轉換，煙霧四散。*

清二：我知影家己已經死--矣，細粒塗山附近特別燴（hah），

燴甲強欲燒--起來的形，海水無滾，阮知影彼是因為阮
佇連日頭光攏照袂著的深海--裡。阮跔甲上頂頭，看著
火光藏佇岩石下跤，阮輕輕仔踏--起去，岩石無破，像
玻璃發出閃閃的光。海底火山噴--起來，海水滾--起來，
像煙霧全款，有火有光，直直衝起來海面。乞食講，敢
若咧燒汽油彈--咧。

乞食：我--喔，啥物攏想--起來矣。（頓）彼當時，和總部遐
　　　的聯絡斷--去，阮佇塗空內覕敵軍的戰機，我佮清二去
　　　外口椰子樹邊的溪仔洗面，煞看著敵軍的戰船，隨就聽
　　　著爆炸的聲，閣有プロペラ咧絞的聲，飛機來--矣，阮
　　　走轉去塗空報告，敵軍已經上陸（tsiūnn-liòk）--矣，青
　　　木伍長㧀阮衝過敵軍包圍，對塗空走入樹林，閣對樹林
　　　走去島另外一爿的病院……阮就靠椰子和生冷的溪水生
　　　活，佇病院食著泔糜彼陣，我感動甲目屎攏輾--落來。

清二：本來佇塗空遐有百偌个人，這馬干焦賰二十六个人。閣
　　　有兩个人佇病院死--去矣。

乞食：敵軍已經上陸。阮予人集合--起來，愛去參加「戰車肉
　　　迫攻擊（tsiàn-tshia jiòk-pik kong-kik）」。

思螢：啥物是「戰車肉迫攻擊」？

　　　無應聲。

思螢：恁是按怎攏無欲共我應？

　　　無應聲。

清二：這會當講--無？

乞食：共講--啦。

清二：我想閣等--一下。

乞食：敢閣有人欲來？

兵仔：有--啦，閣有--啦。

思螢：真正閣會有人來--喔？

　　　無應聲。

兵仔：會--啦，會有人來。凡勢是進六，抑是よこ，會有人來。
　　　我一直想欲親喙共進六會失禮。

思螢：是按怎欲共會失禮？

兵仔：伊若有來，我才共恁講。

思螢：若伊無來--咧？恁是咧等啥物人？

　　　無應聲。
　　　乞食黜（thuh）清二的手股，清二閣黜乞食--的，兩个
　　　人佇遐黜來黜去。

清二：「戰車肉迫攻擊」，是針對タンク（tank，坦克）的作

戰，予兵仔去共炸藥窒（that）入去タンク的輪仔帶內
底。

無應聲。

思螢：就按呢？無專門的武器？

清二：就按呢。

思螢：騙--人……哪有可能……

無應聲。

兵仔：這足四常的代誌。

思螢：我這馬知影--矣……阿公講，伊進前三个人一隊，趁暗
　　　時走去敵軍的基地邊--仔，對基地遐擛（khian）手榴
　　　彈……我一直掠準是伊老番癲閣夯--起來矣。

兵仔：後--來，敵軍加強半暝仔戒備，阮就無閣做這款代誌--
　　　矣。

無應聲。

乞食：我佇工兵部彼陣，閣有愈諏（hàm）--的，叫阮三工內
　　　就愛共予人炸甲糜糜卯卯的機場修理予好。

清二：姑娘仔一定毋知影彼機場有偌闊，差不多有二十个學校
　　　運動埕遐闊，逐个空攏有我身懸的一半深。

思螢：敢做會了？

乞食：飛機原仔愛降落（kàng-lòh）--啊，長官講，一定愛趕
　　　緊修理好勢。

清二：毋過真正傷忝--矣，任務完成了後，我就倒--落來，睏
　　　三暝三日才起來。

思螢：愈睏會愈忝--呢。阿公過身了後，我想講歇--一下，就
　　　直直睏直直睏，愈睏愈踮袂起來……

清二：毋過按怎睏攏睏無夠--啊。

無應聲。

乞食那講，一隻一隻紙飛機那射--出來。

乞食：攻擊的前一暝，無人講話，我毋知是毋是傷忝，竟然
　　　隨睏--去矣。隔轉工早起，集合，一人分一綑炸藥。突
　　　擊！敵軍的タンク沓沓仔駛--過來，我聽著機關銃搭搭
　　　搭掃射，第一排的人一个一个倒--落去，我毋知影會當
　　　創啥，看著青木伍長共點著（tòh）的炸藥擗--出去，我
　　　綴伊的動作，清二綴青木伍長走，我嘛綴咧走，毋知佗
　　　位來的氣力，銃子對我的耳仔邊 siú siú 閃過，我綴佇
　　　個後壁……一直走一直走，阮離銃聲愈來愈遠，清二的
　　　跤步定--落來，我嘛停--落來，四箍輾轉烏趒趒，阮行
　　　入日頭落山的樹林內。（頓）青木伍長看四箍輾轉，講，

干焦賰咱。

思螢：所以，恁毋是戰死佇「戰車肉迫攻擊」？

乞食：毋是。

思螢：按呢敢無算違抗命令？

　　　無應聲。

乞食：有一寡命令毋免遵守。

思螢：毋過，恁是軍人--呢？

乞食：是軍人閣按怎？

　　　無應聲。

清二：彼暝，我睏袂落眠，タンク有機關銃，免想嘛知影倚袂
　　　過……三个人一隊，是欲按怎拍一台戰車--啦？

乞食：作戰開始進前，青木伍長叫我佮清二照伊的指揮，我毋
　　　知伊是按怎特別按呢講，阮原底就是攏聽伊的指揮……

思螢：所以恁放棄作戰？

　　　無應聲。

乞食：你有影欲聽？

思螢：我欲。我就是為著這才來-的。

乞食：（對清二）這敢通講？毋過咱……

清二：（切斷伊）你袂記得青木伍長講啥--諾？

乞食：咱等伊轉來才講。

清二：伊袂轉--來矣。

無應聲。

清二：彼暝，月娘光甲會驚--人，青木伍長應該嘛睏袂去，倚
　　　佇窗仔邊咧食薰，我共看，伊嘛共我看，雄雄，伊問我
　　　本姓姓啥，蹛佗位，我驚一趒（tiô），無共應，伊閣
　　　問一改。

兵仔：（戴軍官帽，搬伍長）吉村，你嘛是對台中州來--的呼？

清二：報告，是！

兵仔：（搬伍長）莫遮正經，陳的（Tân--ê）是佗位的人？

清二：伊對台北州來--的。

兵仔：（搬伍長）按呢講--起來，咱這隊攏台灣人。（頓）吉村，
　　　我佇戰場才知影，咱佮日本人，到頭仔來猶是無全。就
　　　算咱平平做兵，平平拚命，原仔無全。

清二：我聽無你咧講啥。

兵仔：（搬伍長）共陳--的叫--起來，我有重要代誌欲共恁講。

清二：乞食睏甲毋知人，毋過我嘛是共挖--起來，青木伍長炁
　　　阮去外口。

兵仔：（搬伍長）我無愛閣五四三，總部的命令已經落來--矣，

全體玉碎。

乞食：哪會……

清二：就算敵人已經上陸--矣，咱猶有兵仔通戰--啊，不而過（put-jî-kò）武器……

兵仔：（搬伍長）咱緊走--矣啦！莫閣插（tshap）戰車的代誌--矣，炸藥擎--過就走！是贏是輸，攏日本人的代誌，愛想台灣遐--的親人，若是欲做靖國神社內的神主，不如活--咧轉去見--個！

清二：噓……較細聲--的啦。

兵仔：（搬伍長）我是對セルイ（Serui，塞魯伊）島退到遮--來的，日本這馬情勢誠穩……總部無咧煩惱兵仔的死活，干焦愛咱做一寡譀古代，一通電報就欲咱全員玉碎……為著這種無聊的命令死……毋值--啦！

清二：毋過，若予人發現--咧……

乞食：個煩惱家己就袂赴--矣，哪有閒工通插--咱！

清二：猶毋過……

乞食：敢講你正經感覺家己有法度共炸藥囥入タンク的輪仔帶？

無應聲。

乞食：早知袂當活咧--轉去，毋過我是無愛按呢就死……你袂

　　　母甘願--喔？

清二：當然毋甘願，無，閣會當按怎--諾，咱就已經到遮來--矣！

乞食：咱就照青木伍長講--的，總會結束，咱愛堅持--落去，擋到上尾，就會當轉去台灣--矣。

兵仔：（搬伍長）我--喔，佇台灣予人當做土人，加入軍隊，想講通為國家出力，想袂到嘛是予人當做捽仔……軍階比別人較懸，嘛是好用的家私頭仔爾。（頓）附近番社一兩百人鬥陣欲出征，歡送會辦甲鬧熱滾滾，大聲講報國的理想，啉酒啉甲天光……偌艱苦的訓練我攏擋會牢，毋過我袂當看阮的族人白白犧牲……對セルイ島退到遮來--的，就賭我爾。

無應聲。

兵仔：（搬伍長）愛活咧--轉去！這是命令！

無應聲。
落雨霆雷愈來愈大聲。

清二：毋過咱攏無人活咧--轉來。（頓）睨佇樹林仔內第五工，乞食開始發燒，講話奇奇怪怪，直直嘿嘿嘿咧笑。伊笑規暝，天光的時，伊講一句「足想欲食豆腐」就無氣--

矣。（頓）阮共乞食的手指（tsáinn）剁落來做手尾，
簡單共伊埋埋--咧……我共乞食的死體講，乞食，失
禮，我提你的靴管（hia-kóng）佮水瓶，我的靴管塌底
（lap-té）--矣，我想你應該用袂著--矣……

無應聲。

清二：我佮青木伍長咧欲到海邊仔的時，踏（tàh）著米軍埋
的地雷，地雷爆炸，我半爿的身軀去予炸--著，青木伍
長嘛規身軀全血，白色的骨對伊大腿穿--出來……我看
著敵軍共阮圍--起來，青木伍長像熊豹喝一聲足大聲，
共手榴彈擎--出去，落尾干焦看著一片白白白的光……

無應聲。

清二：等我精神--起來，就佇海邊--矣。

無應聲。

乞食：*毋甘願。真正毋甘願。*

無應聲。

乞食：你講，咱的名敢有佇靖國神社的簿仔內？
清二：毋知。彼日本人的代誌。

　　　無應聲。

乞食：想袂到我閣會當轉--來故鄉。

清二：我嘛是。

乞食：伊嘛是共咱㧒-轉來矣。

　　　無應聲。

乞食：姑娘仔，我有一个禮物欲予--你，這是我佇海底抲--著
　　　的，我感覺凡勢你用會著……

　　　乞食對胸坎㧒一條巾仔出來予思螢。

思螢：這是啥？

乞食：是せんにんばり（senninbari，千人針）。聽講，揣
　　　一千个人，逐个攏用紅線佇頂面紩（thīnn）一針，交
　　　予兵仔隨身紮--咧，彼个人就會當平安轉--來故鄉。

思螢：這是足重要的物件，我袂當收--啦。

乞食：無要緊，我若送--你，伊的主人一定嘛足歡喜。（頓）
　　　我佇歹去的運輸船邊仔抲--的，我想，伊嘛是無法度活
　　　咧--轉來。

思螢：多謝，我會好好仔寶惜。（頓）頂面的錢是啥物意思？

清二：是五錢和十錢的款，你算看覓--咧，「四錢」（しせん，

sisen）和「死線」仝音，「九錢」（くせん，kusen）和「苦戰」仝音，是咧求兵仔會當超越死線佮苦戰的意思，討一个好吉兆。

乞食：我嘛有共人紩一針，彼陣我抾抾對檢驗所--出來，準備欲轉--去矣。毋知平平佇戰場，我的祝福敢有路用，希望彼个人嘛有平安--轉來。

兵仔：我嘛有--呢。

思螢：你是毋是予阿公？

兵仔：我就欲死--矣，根本無效……よこ閣咧等伊轉來台灣--咧。

思螢：毋過，你的せんにんばり無綴阿公轉來台灣……阿公講，若伊會當閣堅持--一下就好--矣，咧檢查的時，倒就揣著你的せんにんばり……若伊閣堅持一下仔就好--矣，毋過伊傷無膽，伊講，伊嘛是驚死。

兵仔：無要緊，我了解。身不由己的代誌傷濟--矣。進六已經為我做真濟代誌，我真感謝--伊。（頓）我足希望伊會當來。

無應聲。

思螢：（對乞食、清二）恁佇海底敢有抾著戰鬥帽仔？

清二：彼喔，足濟--啊，濟甲無愛抾。

乞食：你若欲愛，我這頂會當予--你，我家己留咧嘛無啥路用。

思螢：毋是--啦，毋是按呢，阮阿公佇基隆港共帽仔拍無--去。

清二：出發進前就拍無--去喔，這真嚴重--呢。

兵仔：阮是對高雄港出發。

乞食：彼是……

思螢：轉--來的時陣，拄落船，就有一隊一隊的兵仔，用銃共押--咧，愛伊共帽仔頂面的國旗挽挽--起來，阿公無愛，予佃用銃共損，損甲規个人跪佇塗跤，戰鬥帽飛--出去，阿公講，順海水，對南爿去--矣。

清二：佗位來的兵仔？

乞食：日本降伏--矣，佗位的兵仔攏全款。

無應聲。

思螢：我敢會當問你一个問題？

兵仔：當然。

思螢：是按怎「干焦搣一把沙轉--來」？骨灰咧？

兵仔：油無夠，干焦會當剁手捗落來燒。

清二：你閣算好--的咧，有的人連指頭仔都無燒。

思螢：按呢欲提啥物轉--來交代？

兵仔：搣一把沙。

思螢：按呢傷超過。

乞食：這是現實--啊，食飯都出問題，哪有氣力管死人的代誌。

清二：阮閣去掠大隻杜定來食，有我手股遮長呢。

乞食：我毋敢食。

清二：攏啥物時陣閣咧揀食。

乞食：你敢無鬥搬死體？病院會共死體埋佇後壁的大窟仔內，
　　　暗時若到，大隻杜定就會去窟仔內食死體，你食杜定，
　　　袂輸是咧食人肉。

清二：喂，毋通提這來講笑！

兵仔：伊講的攏事實，我會當做證人。

清二：有影無影--啦……

清二假做欲吐的模樣。

兵仔：無要緊--啦，上無毋是食人--啊。

思螢：真正有人會食人--喔？

乞食：我捌聽--過，毋過毋捌真正拄--著。

清二：食人的人是咧想啥？

乞食：想欲活--落去。

清二：我無法度，若真正是人，我就無法度。

乞食：莫講--矣啦，咱比人較好運。

無應聲。

兵仔：毋過聽講土人會食人。

思螢：阿公嘛按呢講。

兵仔：阮有一个全庄做伙大漢--的，坐仝班船，去仝一个戰場。
　　　毋過阮佇無仝部隊，閣扴著的時，伊佇病院咧替護理長
　　　做工課，我是病人。

無應聲。

思螢：敢講阿公咧揣的人就是你？

兵仔：啥物意思？

思螢：伊過身進前講，叫我共金仔粉提去予樹桐，叫我去港
　　　口……

兵仔：我就是樹桐。你一定是代替進六來--的，我實在誠感動，
　　　我毋知影伊到尾仔閣咧替我設想……我自細漢就知影
　　　伊咧愛よこ，よこ是庄仔頭上媠的查某囡仔，逐个攏佮
　　　意--伊，我知影伊嘛咧愛進六，看眼神就知。

乞食：清二，若準青木伍長袂閣轉--來，咱是咧等啥物人？

清二：毋知，無的確是かみさま（kamisama，神明大人），
　　　凡勢天皇會來，來共咱講是按怎會有戰爭。若按呢，咱
　　　對海底行這逝就有價值--矣。

乞食：咱這馬愛創啥--無？

清二：歇睏，等，聽人講個家己的代誌。

乞食：敢若咧看戲全款。

思螢：（對兵仔）你哪會掠我金金相（siòng）--啦？

兵仔：你提這的形足成よこ。（頓）伊嘛會按呢提一條手巾
　　　仔，去街仔。

思螢：像按呢--喔？

兵仔：著，足著急的形……好，著--啦。

思螢：（搬よこ）敢會當共我紩一針？我心愛的人欲出征--
　　　矣……

兵仔：進六就去共紩一針。

思螢：（搬よこ）林進六？

兵仔：（搬進六）啊，彼……，希望彼个人會當平安--轉來。

思螢：（搬よこ）無，這，我其實……

兵仔：（搬進六）你咧愛--伊呼？我知--啦，我一定會恚伊平
　　　安--轉來。

無應聲。

兵仔：進六這箍柴頭，講了就走--矣。

思螢：（搬よこ）聽講恁明仔載透早欲出發……

兵仔：著……你有共物件予--伊無？

思螢：（搬よこ）共我提予林進六好--無？我一个查某囡仔，
　　　實在……

兵仔：遮爾重要的物件，你哪會無愛親身提予--伊啦？

思螢：（搬よこ）我知影怎坐仝班車去，就拜託--你矣，請你共講，若平安--轉來，就來阮兜提親。

兵仔：我共よこ做的せんにんばり錦（gím）佇手裡园佇心肝頭，坐火車去高雄訓練，我一直咧想，我愛啥物時陣提予進六，毋過閣想講，若せんにんばり有靈聖，我就紮佇身上，凡勢會當保庇我莫死，進六去--的是後勤部隊，啊若我是愛去赴死……我想來想去，後--來一字都無共講。

無應聲。

兵仔：原仔報應……我足緊就去穢（uè）著マラリア，入院--矣。進六逐工攏會來共我講一寡心適的代誌，伊講，因為逐家攏足想欲洗燒水，所以伊用汽油桶燃（hiânn）燒水，拄仔好護理長經過，感覺伊真骨力，就共班長講愛伊來病院鬥跤手，嘛共護理長拚掃、洗衫。（頓）彼陣藥仔足少，伊毋知佗位來的一罐金仔粉，藏佇我的枕頭跤……伊欲離開病房的時陣，我連欲開喙的氣力都無，共摸（khiú）--咧，共せんにんばり拄（tu）對伊的手--去。共講，よこ咧等--你，等你轉去台灣，你一定愛平安轉--去。

　　　　　無應聲。

思螢： 金仔粉是啥？

兵仔： 治マラリア的藥仔。（頓）伊真戀，閣共我講，叫我就
　　　　活--落去，よこ咧等我轉--去……

　　　　　無應聲。

兵仔： 我共講，我欲死--矣，你就好好仔照顧よこ。我共騙。

　　　　　無應聲。

兵仔： 伊一直想欲共せんにんばり還--我，毋過我堅持愛予--
　　　　伊。最後，伊共我的手搦（lak）--咧，叫我莫烏白想，
　　　　我一定會好--起來，等我出院，才來共提せんにんばり。

　　　　　無應聲。

兵仔： 伊轉來台灣了後，一定就知影--矣，我講白賊，我無資
　　　　格做伊的朋友……

思螢： 伊若想著較早的代誌，就會講著你，伊講，伊上好的朋
　　　　友死佇南洋，伊干焦會當搣一把沙轉--來，閣毋敢提去
　　　　恁兜，偷偷仔提去公所……重要的せんにんばり，後--
　　　　來紮無轉--來，伊真懊惱（àu-náu），連欲懷念你的物

件都無……連一張相都無……降伏了足亂，嘛聯絡袂著恁兜的人……

無應聲。

兵仔：按呢--喔……我若看著你就足歡喜--矣，進六佮よこ有生囝，個囝嘛有閣生，無因為我按呢自私去誤--著，好佳哉。我毋是欲佔よこ的愛，毋過伊欲予進六的物件，我煞共提--去，會得著報應嘛是天公地道……這馬一切圓滿，物歸原主，よこ辛苦紩的せんにんばり拍無--去嘛無要緊--矣，個兩个後--來有結合做伙，我就滿足--矣……

無應聲。

兵仔：你佮進六的目睭真全，彼是捌看過規欉樹仔攏火金蛄綴風咧跳舞的人才有的目睭，我足歡喜進六共這款目睭紮--轉來。

思螢：毋過我是我，我毋是阮阿公--呢。

兵仔：彼是一種證明，總算有人共樹林仔的代誌紮--出去，你凡勢毋知，毋過阮這代人的性命，有影是靠遐活--咧的人，才有閣較濟可能。是進六代替我，共這條命閣湠--落去的。

無應聲。

兵仔：我這世人攏袂共火金蛄咧跳舞的光景放袂記……彼是
阮咧覕空襲的時，雄雄看著火金蛄，規欉樹仔攏是火
金蛄，像揣無路的星，就佇目睭前，連敵軍的飛機攏
停--落來……阮敢若雄雄臭耳聾，無人走，一直到轟--
一聲……樹仔佇阮面頭前燒--起來，退的火金蛄飛去天
頂，閣變做是遠遠遠的星。（頓）看著紅紅紅的猛火，
閣有天頂的火金蛄，一目瞬，袂輪轉--來到故鄉鬧熱的
街仔……販仔咧喝賣（huah-bē）的聲……

無應聲。

思螢：我可能毋是你想的按呢，我是我，阿公是阿公，真濟代
誌我毋捌聽--過，按呢你哪會當講是一種傳承--咧？

兵仔：毋過你就來到遮--矣，你來揣一寡世間無的代誌，揣一
個可能毋捌出現的人，我相信就算揣無，你嘛是會因為
想欲知影閣拚命揣……這就是我對你的目睭內看著的
代誌。

照美起來。

清二：護士小姐，我受傷--矣！

乞食：我、我嘛是！

照美：莫來這套，毋是閣活跳跳--咧？（頓）我上無愛人共我
　　　當做咖啡廳的ねちゃん（nè-tsiàng，女給）按呢予人喝
　　　來喝去。我--喔，對女子商業學校畢業了後，因爲想欲
　　　去東京學畫圖，報名看護婦考試，薪水比逐工佁公司做
　　　會計加（ke）眞濟……我拚命通過考試，經過艱苦的訓
　　　練，袂輸查埔出征全款，衆人鬧熱共我歡送，到マニラ
　　　（Manila，馬尼拉）的病院。

乞食：戰爭彼當陣，有影啥物工課都無，連擔屎逐家攏相爭欲
　　　做。

清二：彼陣一頓有一頓無，入去軍隊才勉強食會飽……

照美：我來病院了後，發覺佮我想的完全無仝，雖然兩禮拜有
　　　通歇睏一擺，去外口蹓（lau）蹓--咧，毋過逐工做粗重
　　　的工課，袂輸使用人全款，清屎桶、搬病人、埋死體，
　　　共生蟲的空喙換藥仔，血佮汗共我的制服膏（kō）甲足
　　　垃圾（lah-sap）……戰爭情形穤的時陣，若空襲，阮愛
　　　共患者一个一个徙去安全的所在，才會當撤離……

思螢：足辛苦--的。

乞食：查某人猶是留踮厝內就好，遮的代誌查埔自然會做。

照美：這是男女平等的時代，我嘛想欲靠家己做寡代誌……姑
　　　娘仔恁的時代一定嘛是按呢--啦呼？

思螢：著啊……男女攏愛有平等的權利，投票、工作、教育……雖然閣有真濟無全的所在，毋過會一直進步。

乞食：真正予人想袂到。

照美：我佇日頭出來的時陣出世，阮阿母感謝天照大神，共我號做照美，我想講我的人生佮名全款，攏像日頭照會著遮順利……阮佇狹櫼櫼（èh-tsinn-tsinn）烏趖趖的塗空覕空襲，有的患者袂赴走，抑是無愛綴阮走，退白色的病人衫就變做敵軍上清楚的目標……

無應聲。

清二：莫閣講--矣。這馬想這有啥物意義？

乞食：咱毋是嘛了足濟工走來講遮的話，予講--啦。

無應聲。

照美：個……根本無咧插病院吊懸懸的彼支赤十字旗……第一擺擲炸彈無偌久，死體閣袂赴埋，就閣炸第二擺--矣……足濟看護婦予炸甲脆糊糊，斷去的雙手閣共藥罐仔、包帶捏牢牢（mooh-tiâu-tiâu）……阮對個手裡共全全血的包帶提--起來，清予清氣會當閣用……

無應聲。

照美咧吼。

乞食：照美小姐……

照美：我想起來就感覺驚惶……後--來，聽講敵軍已經上陸，
阮放棄竹仔佮柴起的彼間病院，開始行軍，袂當徙振動
的患者，衛生兵共個注毒藥，予個死--去……

思螢：毋過個……

照美：囡仔迌等死傷過殘忍--矣。（頓）可能是因爲這个緣故，
衛生兵嘛起痟……

無應聲。

照美咧吼。

清二：照美小姐，莫講遮的……遮爾艱苦的代誌……

乞食：予姑娘仔一个人講艱苦的記智，毋是查埔人應該做的代
誌，照美小姐，我嘛講--寡……向望共你鬥擔--寡……

無應聲。

乞食：我捌看著一个人倒佇路--裡，吼喝：「水--啊……水--
啊……予我一寡水……」我茶鈷內底賰無偌濟水緊倒
入伊的喉，毋過水閣對嚨喉溢--出來，炸彈的幼仔穿過
伊的嚨喉……青木伍長愛阮繼續行，因爲嘛無通鬥做

啥……伊焦焦的聲閣佇後壁咧喝：「水--啦，水--啦，
予我一寡水……」

無應聲。

照美：我知影……看護婦，若是看著人無才調救，無論如何攏
　　　會艱苦……

無應聲。

清二：攏結束--矣……莫閣想--矣，阮的骨頭爛佇樹林仔內，
　　　這馬啥物死人骨頭都揣無，哪會欲直直餾（liū）遮艱
　　　苦的代誌，就是因為這是阮頭一擺會當講--出來……

兵仔：照美小姐，閣有人會來，你會當彼陣閣講。

照美：無……無，我一定欲講，為著退死去的看護婦……為著
　　　我家己……予我一寡時間，我會講，我欲講，我無法度
　　　閣等--落去矣……

無應聲。

清二：是按怎袂等--得？都等退濟年--矣，哪有啥袂當等--的？

思螢：我想欲知影，恁咧等啥物人？

照美：我無想欲閣等啥物人，我知影就是這馬，若是我總算轉
　　　來到……

兵仔：若是有一个重要的人無聽--著，你袂感覺無彩--諾？

照美：對我來講，無彼款人。

兵仔：若按呢你哪會講出「欲等」這種話？

照美：無的確……嘛是因爲……實在經過傷久--矣，我驚家己袂記細節……

兵仔：我閣咧等，我感覺敢若閣有人猶未來，而且彼个人足重要。

乞食：我干焦想欲知影青木伍長會轉--來無。

清二：伊袂轉--來矣。

乞食：伊會。

清二：伊袂，伊佮帽仔全款，對南方去--矣。

乞食：按呢咱閣佇遮創啥？

　　　　無應聲。

清二：予照美小姐共伊的故事講予了--啦。

　　　　無應聲。
　　　　轟炸的光佮聲。

照美：講是講行軍，毋過是那行那覕敵軍的飛機，阮全鄉--的定定來共我探，知影阮欲退入去樹林仔內，閣紮鹽佮番仔火予--我，伊講，予我這个軟弱的查某囡仔會當佇樹

　　　　林內活較久咧……佇行軍的隊伍內底，我聽著伊佇對面
　　　　的山共我叫……

兵仔：（搬同鄉）照美！照美——我予銃彈（tuānn）--著！拜
　　　　託你共我……

照美：傷遠--矣，無法度過--啦……我干焦會當目屎含目墘共
　　　　伊攄手（iàt-tshiú）……

　　　無應聲。

　　　照美咧吼。

照美：莫，莫閣加講啥物--矣，予我講予了--啦……護理長接著
　　　　命令，愛阮盤過山頭，趕去指定的所在，查某囡仔圍做
　　　　一个箍仔，予兵仔共手榴彈擎來阮的中央……

兵仔：恁收著玉碎的命令？

照美：正是。

　　　無應聲。

清二：恁……就眞正……

　　　無應聲。

照美：阮閣參兵仔講要笑，請佢擎較準--咧，莫像護理長按呢
　　　　腸仔肚攏流流--出來，痛苦甲死--去……過溪的時，伊

明明就閣佇我的身軀邊，毋過伊予人炸--死，我煞攏無
代誌……

無應聲。

照美：佇恁指定的所在等--阮的是敵軍。阮予人掠--著矣，送入
　　　去俘虜營（hu-lóo-iânn）。

無應聲。

思螢：按呢你……敢會當轉--去？
照美：我無轉--去。
思螢：毋過……

無應聲。

清二：莫閣問--矣啦。

無應聲。

照美：姑娘仔，來佮我跳一支舞--啦，我足懷念我的修業旅
　　　行，逐家做伙去東京，東京是一个足媠的所在，充滿希
　　　望……阮去看戲、跳舞，雖然定定有人講查某學生跳
　　　舞是足無水準的代誌，毋過我愛跳舞……我嘛愛油彩，
　　　我希望我會當去東京學畫圖，變做會當入選帝展的藝術

家……這馬講遮有啥物效--啦？彼款的時代袂閣轉--來
矣。

乞食：我這世人閣毋捌看戲--呢。（頓）本島人街仔的戲院雖
　　　然真濟，毋過毋是予阮這種散赤人去--的。

清二：佇路邊看野台就蓋好--矣啦。

照美：坐佇戲院的椅仔頂，滋味無全，敢若全世界賰你面頭前
　　　的舞台，賰你面頭前有重要的代誌咧發生，我真愛這款
　　　感覺，就像中毒全款，一直閣買票去看……

華爾滋音樂出--來。

照美：來佮我跳一支舞，咱莫閣等--落去矣！

思螢佮照美做伙跳舞。電火沓沓仔暗--落來。

第二幕

思螢、兵仔、乞食、清二、照美、醫生、阿水、春榮

水螺聲。

思螢：啥物聲？

乞食：敢若船欲入港。

思螢：船？

水螺閣霆。

醫生出場。

醫生：（對照美）哎喲，我幾若十多無看著這款制服--矣。

照美：你敢衛生兵？

醫生：我是醫生。台北帝國大學熱帶醫學研究所出業。我是第

　　　四期出業--的。我有紮相片來，按呢有緣投--無？（笑）
　　　逐家攏反（píng）舊的學生衫出來穿，戴學生帽，去翕
　　　相，翕了欲去南洋，去戰爭進前愛翕一張相……

照美：我是佇院兜附近的寫眞館翕--的。

醫生：事實嘛毋是專工去翕，阮咧等船來，等的時陣無代誌
　　　做。（頓）恁嘛是來坐船--的諾？

照美：就算這班船會當到東京，我嘛無欲坐。

兵仔：是按怎有船通好坐？

醫生：我--喔，佇今仔日下晡心臟定--去嘛袂喘氣--矣，我脫離
　　　呼吸器（hoo-khip-khì）和鼻管（phīnn-kóng）遐齷齪的
　　　物件，來到遮。我這馬等船來接--我，我知影這擺船袂
　　　閣慢分--矣。

思螢：慢分？啥物意思？

醫生：先講阮坐的船--啦。共我記船的名，「神靖丸（しんせ
　　　いまる，sinseimaru）」，這是我坐的第一隻船，和我
　　　做伙坐船的攏是醫生，台北州、新竹州、台中州、高雄
　　　州……全台灣的少年醫生佮醫科生，差不多攏佇這隻
　　　船。原底欲共醫生攏送去婆羅洲戰場，毋過佇西貢就予
　　　人拍沉--矣。船底的人差不多攏死--矣，死亡率差不多
　　　是 75%，干焦賰少數的人活--落來。

思螢：你按怎對船底走--出來的？

醫生：我喔，猶未到西貢，我就落船--矣，船底的衛生真穢，一人分一雙箸，兩个竹筒，一个貯飯，一个貯湯，逐工攏冷飯配豆醬湯，尿桶嘛佇船艙內底，臭甲欲死，足濟人穢著マラリア，直直落屎。就算醫生，無藥仔嘛是無法度，船歇佇海南島的時，就予人送入病院--矣，我嘛是按呢。船欲出發進前，我已經欲好--矣，毋過醫生建議我閣靜養一站仔，坐後一班船，我就留--落來矣。其他已經好的人，攏閣坐神靖丸，對南洋去--矣。

照美：你真好運。

醫生：凡勢--啦，若我有啥物特別好運的所在，應該就是活甲這个歲，幾若擺攏無死。我的朋友內底，有一个人拄轉來台灣，就予人掠去火燒島關十冬，到伊過身，都毋知啥物緣故予人掠。

照美：……無定，無轉去較好？

醫生：我後--來看人寫的紀錄，有的人船沉--落去，伊有浮--起來，毋過跤骨斷一肢，一世人跛跤。有的人看船欲沉--矣，就對船艙的窗仔跙--出來，才死無去，彼个人的小弟嘛是坐佇內底，較歹運，跙袂出--來，船沉--矣，就死--矣。（頓）若當初有掛赤十字旗就好--矣，醫療照護是人權，照國際公約，袂當傷害醫生……

　　　無應聲。

　　　照美咧吼。

清二：照美小姐，莫吼--矣，攏過去--矣。

　　　照美吼袂離。

醫生：後--來，我病好了後，長官愛我去新加坡遛等，等看神
　　　靖丸會經過--未——無人知影船已經沉--矣。我坐一隻
　　　商船改的運輸船，頂面有掛赤十字旗，內底貯（té）
　　　的是逐款的銃子、炸藥、魚雷。我佇內底按呢呸呸掣
　　　（phih-phih-tshuah）過八九工，到位的時才喘一口氣，
　　　若是拄著敵軍，一發魚雷、幾粒銃子，規隻船就磅--去
　　　矣……

　　　無應聲。

思螢：所以講，日本家己破害這个規矩？
醫生：會當按呢講。
思螢：是按怎欲按呢？
醫生：兵仔提的迫擊砲（pik-kik-phàu），攏是和露西亞戰爭
　　　的時留--落來的，鐵仔嘛無夠，無偷食步哪拍會贏？
思螢：*毋過……*

兵仔：是講，就算掛赤十字旗，嘛是會予人拍沉--啦呼？

　　　無應聲。

醫生：著。

　　　無應聲。

醫生：幾多前，我聽著有人咧揣神靖丸的「遺族」，收集逐个人的資料，定期開會，發起人嘛是一个醫生，神靖丸沉--落去的時，個老爸佇內底……伊予我一支細細支的矸仔，內底貯一隻船，我斟酌看船的名，是神靖丸。伊講，伊有閒的時，就看幾張舊相片，參考其他的船，總算共做--出來。神靖丸貯佇一支細細支的玻璃矸仔，袂閣去其他的所在--矣。

　　　醫生提彼支貯細隻船的矸仔，囥佇思螢的手頭。

思螢：（搬查某囝）阮老爸死一月日了，我才出世，送阮老爸離開的時，阮老母猶毋知家己已經有身，倒手牽阮大兄，正手牽阮二兄，伊毋知家己閣來，一世人攏愛紮一个鐵篋仔，陪伴伊度過一个人的日子，甚至離開台灣來到美國。鐵篋仔內有一捲（kńg）底片，閣有一張阮老爸的相。伊毋知阮老爸會死佇海--裡，伊佇人生上尾的

坎站，倒佇病床共我講，就算早知會按呢，我嘛毋捌後悔嫁--伊……我共伊上寶貝的セルロイド（celluloid，賽璐珞）底片送--人，一直到變做銀幕頂面烏白的影像。彼陣，我才第一擺看著阮老爸，真正活--咧，伊咧行路、咧跳，足歡喜咧牽阮老母的手，穿一軀（su）小可柴柴的禮服，歹勢歹勢咧笑……我佮阮老母閣發現，老爸的鼻仔佮我有夠全，阮嘛全款攏真勢歹勢仔笑……1945年1月12號，神靖丸佇越南聖雀角沉--落去，彼陣我猶袂出世來到世間，老爸嘛毋知，我會變做一个醫生……對阮老爸來講，伊毋知阮老母彼陣已經有我，毋知閣有一个伊毋捌看著的囡仔，我是一个伊毋捌的查某囝。（頓）毋過對我來講，佇我長長長的性命中，我死去的老爸，顛倒較成是無影的物件。我會佇結婚典禮的時陣，想起阮老母囥佇鐵篋仔的底片；我會佇比阮老爸較濟歲的時，飛去越南，佇船沉的所在囥一跤花環，看伊沓沓仔流--去，一直流甲看袂著。我會佇老爸死了後的一月日出世，而且一世人一直去想這个無佇咧的老爸。

無應聲。

醫生：講著戰死的人，人定定會引用聖經：「神會共個拭所有

的目屎；袂閣有死亡，嘛袂閣有悲哀、吼、疼，因為以前的代誌攏過--去矣。」

無應聲。

醫生：這句話真婿，不而過我無咧信神。

無應聲。
思螢共細隻船园佇紀念碑頭前。

醫生：恁無欲坐船--諾？

清二：阮這陣（tīn）船坐無著。

乞食：這馬有機會--矣，佮醫生做伙坐船--啦。

照美：我無愛。

兵仔：是按怎？若會使我嘛想欲坐船。

照美：無愛就是無愛。我上無愛坐船。第一擺是去東京的修學旅行，第二擺是去マニラ，我袂適應，直直吐，予同學笑甲……

乞食：我第一擺，嘛干焦彼擺坐船，就是去南洋。

醫生：我足愛坐船，我這世人坐幾若擺船--矣，上尾擺，是轉來基隆港，後--來我連海都罕咧看--著……

思螢：恁欲轉去某一个所在，著--無？

醫生：外國有一項研究，兵仔坐船佮坐飛機轉去故鄉，感覺是

無仝--的，俋會當佇船底講足濟代誌，講家己死去的戰友佮戰爭發生的代誌，等俋轉來到正常的社會，嘛會較有意願接受家己已經離開戰場。

思螢：我敢會當坐船？

醫生：是按怎？

思螢：我感覺我應該愛做一个決定。我逐工看天篷咧眩神，毋知欲去允頭路--無，猶是閣去眠床頂倒--一下，我開始足驚出門，毋知按怎面對活--咧的人，毋知別人按怎看--我，應該穿啥物衫，按怎講話……我袂當閣按呢逐工倒佇仝一个所在……

醫生：凡勢這隻船和你的生活無啥關係，毋過你起--來好--矣。

照美：我無愛坐船。

醫生：咱ナイチンゲール（Nightingale，南丁格爾）小姐足堅持。

乞食：照美小姐，你若無愛坐船，是按怎佇這个日子，你又閣轉來到遮--咧？遮是你的故鄉，你嘛是轉--來矣。

無應聲。

照美：凡勢我是咧等人轉--來啦……凡勢我是咧思念……

思螢：照美小姐咧等啥物人？

照美：我有一个愛人仔，阮講好勢--矣，等伊去滿洲趁著錢，

阮就欲結婚，想袂到一直等無伊的人……佣朋友對滿洲轉--來，共我講，伊去愛著別的查某--矣……因爲按呢我才決定去南方……

清二：照美小姐有影眞戇，干焦欲閃做兵的查埔才會去滿洲！

乞食：我嘛捌想過這步，不而過足濟人對滿洲塗塗塗轉--來……遐嘛受戰爭的影響--矣！

水螺閣霆。

春榮出場，拖一台表示船頭的車仔，車仔頂有一个船舵（tuā）。

春榮共車仔和椅仔排鬥陣。

眾人徛佇椅仔頂，表示咧坐船。

兵仔：船欲入港--囉！

春榮：（行禮）我是第二期海軍志願兵張春榮，佇基隆受訓結束了後，欲去內地繼續進修。足歡喜各位坐這隻運輸船，我彼陣坐的船叫做護國丸，我會記得船長是一个老先生，阮欲上船的時陣，伊就徛佇港邊共阮看，袂輸阮毋是兵仔，是一陣雞仔囝。

水螺閣霆。

照美反悔走落船，予乞食、清二阻擋。

乞食：照美小姐，是按怎欲走--啦？

照美：我無愛轉--去！

清二：你已經佇故鄉--矣。

照美：我無愛轉去予人笑--啦，無愛好好仔嫁翁，去相戰閣戰輸。

乞食：彼日本人戰輸，曷（àh）毋是台灣人戰輸--啊啦。

清二：無，我留落來陪你等，無定青木伍長猶閣會轉--來。

照美：伊袂轉--來矣，哪會有人欲轉來做中國人？我是日本人，天照大神的子民，我毋是中國人！（頓）我無愛做中國人……

無應聲。

照美：足大欉的米軍共阮押入俘虜營內底，土人用伲會曉的日語咧咒讖--阮，共阮擎石頭，我心內咧想，啊，有影戰輸--矣……佇俘虜營的生活蓋好，看著一罐一罐的藥仔佮清氣的包帶排甲整整齊齊，我足想欲流目屎，米國有影是足強的國家，比--起來，マニラ的野戰病院袂輸咧扮公伙仔。

無應聲。

照美：護理長進前有一人分一粒藥丸仔予--阮，叫做「昇汞

丸」。

醫生：內底敢水銀？

照美：我毋知。伊講，若予敵軍掠--去，可能會予人強姦，時
到吞這粒藥丸仔自殺。

思螢：按呢……

照美：啥物代誌嘛無發生，阮那做一寡簡單的穡頭，那等看有
啥物處罰，抑是有轉去台灣的船班。米軍予阮牛奶、罐
頭、餅佮黃油……我看遐的啄鼻、金毛的軍人，足細膩
咧閃--個，驚個會雄雄對阮按怎，毋過一工一工過，啥
物代誌攏無發生，無人共阮講未來會按怎，干焦知影ひ
ろしま（Hirosima，廣島）佮ながさき（Nagasaki，長
崎）予個磅甲糜糜卯卯，比關東大地動閣較恐怖……後
--來，我定定佇半暝聽著其他的看護婦咧吼……若有一
个人咧吼，其他的人嘛會綴咧吼……阮佇港邊等船，那
討論台灣無定嘛予人磅甲糜糜卯卯去--矣……毋知厝--
裡的人閣有佇--咧無，凡勢早就佇空襲的時死--去矣……
我看著我出發的港口……紅色……機關銃……兵仔，軍
衫破糊糊的兵仔，一卡車一卡車按呢來……開始放送
講……莫過！

照美咧吼。

照美：死--矣……攏死--矣……死體攏浮佇海面……

照美咧吼。

無應聲。

照美：我實在足驚--的，聽著愛做中國人的消息了後，我就共彼粒藥丸仔吞--落去。我無法度閣轉去海的另外一爿--矣……開始規身軀搖（tiuh）……胃足重，敢若是有貯石頭……我倒佇塗跤，目屎直直流……足疼……正經足疼……閣來是吐血……規个喙攏生鉎的味……我閣看著港口……人的手捗予亞鉛線穿穿做規捾……車頭……掃射……醫生趕緊共我灌牛奶--落去……袂赴--矣……我那哭那佮逐家相辭，請個莫共我的骨灰紮轉去台灣……我無愛看著故鄉予人踮踏甲按呢……想欲共人唊（kheh/khueh）人鬧熱滾滾的街仔留佇我的心內，做上尾的印象……

無應聲。

照美：我目睭瞌--起來進前，看著日頭若血退紅，寬寬仔沉對樹林--落去，沉落山的另外一爿，我心肝內想，天照大神啊，照美為著你去相戰，這馬嘛欲共骨埋踮遮--矣……

　　無應聲。
　　照美咧吼。

照美：莫共我安慰。莫講。我知影，我無遐堅強，這是上好的
　　　選擇--矣。

　　無應聲。
　　霆水螺。

春榮：船欲起行--囉。

　　霆水螺。
　　照美予乞食、清二毛轉起船底。
　　起錠（tiānn），眾人像坐船仝款東倒西歪，干焦春榮穩
　　穩仔咧駛船。

醫生：我來講一个故事，我到新加坡了後，逐工攏佇港口踅踅
　　　來踅去，看我的船會來--無。有一工，一隻大隻船臨時
　　　停佇遐，船底的人落來絞電話，大概是鬱傷久--矣，就
　　　佮我開講。彼个人嘛是台灣人，我到這馬攏猶會記--得，
　　　彼隻船叫做「阿波丸（あはまる，ahamaru）」，對ジ
　　　ャカルタ（Jakarta，雅加達）來，伊講伊是日本石油公
　　　司的技術人員，伊講，佣佇南洋發明生化石油，嘛就是
　　　人工的石油，佣這陣人欲轉去日本製作人工石油。

思螢：啥物是人工石油？

醫生：用植物（sit-bùt）落去發酵（huat-kànn），像做酒精按呢，會當做航空燃料（jiân-liāu），予軍機用。

乞食：是按怎酒精會當做石油用？彼配給的酒敢嘛會當予軍機做燃料？

清二：人醫生是讀冊人，你聽就好--啦，莫問。

醫生：我毋是學這--的，嘛毋是足清楚詳細情形是按怎。（頓）有講一時仔，伊就閣轉去船底--矣，無偌久，彼隻船就閣出海--矣。（頓）轉來台灣，有一工雄雄想--起來，閣轉去揣這隻船的消息，才知影佇佮佇台灣海峽予人拍沉--矣，船底載足濟金仔粉、鋁礦、璇石、黃金……日本人對南洋搶來的物件，攏欲載轉去做戰爭物資，規隻船貯甲滇滇滇，超重一倍……

春榮：哇，按呢敢駛會振動？

醫生：船底有兩千空三个人，加一个抾抾佇船底出世的嬰仔，是兩千空四人，就按呢予四粒魚雷拍沉，兩千偌人就佇仝一工死--去。連軍救有起來的是阿波丸的廚子師（tôo-tsí-sai），廚子師講，伊捌去法國學做料理，會曉做正港的法國料理，戰水艦的艦長足歡喜，就共伊留落來做家己的總舖，其他的人攏佮船同齊沉--落去。（頓）日本人講，坐車抑坐船出世的囡仔特別好運，結果彼个

嬰仔無遮好運，出世無幾日就死--去矣。

春榮：遮大隻的船，遮簡單就予人拍沉？

照美：真可憐。

醫生：我後--來看冊才知影，這隻阿波丸原底愛轉去日本，佇港口等的人掠準船隻因為事故延誤，過幾工才知影，彼隻船佇台灣海峽予人拍沉--矣。等的人攏足絕望，彼隻船載的人攏是對戰爭足重要的人物，愛轉去日本做人工石油，不過（put-kò）遐的人攏死--矣，欲創啥攏無法度--矣。我看的冊有船的路線，對佗位駛甲佗位，經過台灣了後按怎駛，路線攏訂甲好勢好勢，船予人拍沉，當然就無法度閣繼續--落去矣。（頓）拍損--啊，若準遮重要的人有轉去日本，無定會當開發新的燃料，救戰爭的情勢。

春榮：醫生，你傷樂觀--矣。干焦靠幾个人是無法度--的啦。

醫生：哪會無法度？彼是新的技術--呢！

春榮：咱捌的攏傷少--啦，就算是你嘛全款。

無應聲。

思螢：我無法度想像恁是按怎佇按呢的地獄活--落來的……

乞食：嘛袂當講是地獄--啦，好過歹過，一工過一工--囉。

清二：阮嘛有足濟通好展的所在，你無看過像手遐長的夜婆--

呼？

思螢：我連夜婆都眞罕看--著。

乞食：阮攏烘夜婆來食。

照美：戰爭拄開始的時陣，我兩禮拜歇睏一擺，就去マニラ的
　　　街仔踅踅--咧，彼陣啥物物件攏毋捌看--過，逐項都眞
　　　好耍，看護婦的制服穿--起來嘛予我感覺眞煬（iāng），
　　　閣會當佮足濟同學仝鄉見面……彼陣雖然辛苦，毋過嘛
　　　是眞快樂。

兵仔：是--啊，戰爭拄開始的時陣，食的比厝--裡較好，閣有
　　　薰通食……想著厝內的人，攏感覺眞歹勢。

醫生：我是換單位了後，綴老師做研究才通食較好，眞慘。

　　　眾人笑。

思螢：海面敢若有啥物浮伶退--呢？

兵仔：敢是人？

照美：若是人就不得了--矣，緊共救--起來。

乞食：若是敵人欲按怎？

醫生：照公約，敵人嘛著愛救。

清二：召鏡（tiàu-kiànn）！（觀察）是金頭鬃--的！毋知荷蘭
　　　人抑米國人！

春榮：借我看覓。

清二、春榮換位。

春榮： 咱駛較近--咧啦。

照美： 咱用啥物來共罟（koo）--起來？

思螢： 我手裡干焦一塊布……

乞食： 莫理所當然救--伊，我才無愛救共死人漩（suān）尿的米國人--咧……我捌覘佇樹仔後壁看--著……個對死體漩尿！

醫生： 召鏡予--我……假若飛行員……予伊起--來，我欲問伊飛機的代誌。

清二： 醫生！是敵人--呢！

醫生： 恁毋捌，戰爭對我來講已經結束七十多--矣。我有足濟代誌想欲知影予較詳細--咧。

兵仔： 咱衫褪--起來，拍結，就會當共摸--起來矣。

照美： 好辦法！

清二： 我無愛配合--喔。

醫生： 醫生衫借--恁啦。

春榮： 陸軍敢攏有配銃？

乞食： 阮一人有一支，有長的步銃，腰有結手銃的官階較懸。

春榮： 你替我共這舵扞（huānn）--咧。

春榮大力共兵仔挵一个，兵仔摔佇甲板頂。

兵仔：伊提我的銃！

照美：你想欲創啥？

春榮：照美小姐，請你閃。

清二：照美小姐！

春榮：你共舵扞予好。

**　　無人欲讓。**

醫生：春榮！戰爭已經結束--矣！

春榮：醫生，你閃。

**　　春榮大步行過共醫生捒--開。**

**　　醫生摔佇甲板頂面。**

**　　銃聲。**

**　　思螢大聲吱。**

照美：你共刮死--矣！

**　　照美咧吼。**

照美：我無想欲閣看著有人死，我無想欲看著海面閣有血，沓
　　　沓仔黗（tòo）--開……

思螢：（吥吥掣）足恐怖……是按怎？是按怎欲按呢……

　　思螢咧吼。

照美： 你來我遮，過--來，我來共你攬--咧，可憐--的，你毋捌
　　　　看著遮--的……

乞食： 頭一擺，我頭一擺看著人死--去，是我身軀邊的傳令兵
　　　　予迫擊砲彈--死……

醫生： 戰爭--啊，戰爭……莫閣吼--矣，看著你咧吼，敢若阮
　　　　查某孫咧吼全款，莫吼矣--啦，你想像家己是一个醫科
　　　　生，頭一擺看著病人死--去……慣勢就好--啦……

　　思螢咧吼。
　　無應聲。

思螢： 伊拄拄仔刣一个人……

春榮： 是……刣人……

乞食： 我知影刣人，當當（tng-tong）邊仔的兵仔的腦漿佮血
　　　　噴佇阮身軀……

清二： 我若去駛戰鬥機，我嘛會彈所有的船。

兵仔： 阮攏有刣人，是無佇你面頭前爾……

　　無應聲。

思螢： 恁是兇手！

醫生：著，阮是，就算醫生嘛無例外。

思螢：所以，恁欲共我講，戰爭是咧比賽互相刣人？

兵仔：會當按呢講。

思螢：連阮阿公嘛是？

兵仔：連進六。所有的人攏是。

思螢：恁全部攏戰犯。

乞食：我才無愛接受審判。

清二：悾--的，你抑無活甲彼日。

思螢：恁攏是發動戰爭的歹人。

照美：你敢會當無愛？佮查埔人相比並（pí-phīng）的光榮、
　　　遊行、歡送的隊伍……

思螢：照美小姐！

兵仔：我佮進六若準無去，規家伙仔會枵--死……

乞食：公學校的先生叫我簽名，我無愛，校長共我叫去罵……

清二：我想欲佮日本人全款。我想欲做男子漢，無愛輸--人。

醫生：唉，莫講--矣……攏莫講--矣……

思螢：莫揣理由，敢講恁無看著伊無提武器--諾？

　　　無應聲。

春榮：我若無共刣，個就會刣人，飛行員是比飛機閣較恐怖。

　　　無應聲。

春榮：我的船佇ながさき附近予人拍沉。我死--矣，船長佮船
　　　底三百幾个人攏死佇海--裡。佮我全款是台灣人的有兩
　　　百个。

照美：佇ながさき？

春榮：是--啊，連內地的海域攏保袂牢，戰輸是早慢的代誌。

　　　無應聲。

　　　思螢氣怫怫共春榮睨（gîn），春榮規身軀無力坐佇塗
　　　跤。

春榮：（懊惱）看--著無？看有清楚--無？無辜的人無緣無故
　　　死--去，這就是戰爭。攑銃--的刣無攑銃--的。（共思螢
　　　睨--轉去）你想講銃佗位來--的？無銃的人買予兵仔--
　　　的！

乞食：命--啊，命--啊。

　　　無應聲。

醫生：你的船敢有護衛艦？神靖丸連附近的護衛艦，有四十偌
　　　隻的船，攏予人拍沉。

春榮：有，毋過因為船員著マラリア，閣船艦猶修理袂好，
　　　護衛艦只好改變航向，離開任務。後--來派--來的兩隻，
　　　閣綴袂著護國丸。予人拍的時陣，雖然是有行閃魚雷的

之字形，毋過嘛是覕袂過……偵防機足早就有敵軍出現的消息，毋過護衛艦綴袂著嘛無效。

春榮：頭一粒魚雷拍著護國丸的時陣，我佇甲板頂咧納涼（nà-liâng），船艙傷熱，眠袂落眠，雄雄幌（hàinn）--一下，倒爿漸漸沉--落……有一陣人去解除船底的深水炸彈，若炸彈爆炸，恐驚無人會活……船長叫逐家穿救生衣，對正爿降救生船--落去，毛阮喝三聲：「聖壽萬歲！」就宣布棄船，伊用足定著的口氣共阮一个一个講：「愛好好仔活--落去，不而過毋通袂記得今仔日。」

無應聲。

春榮：「毋通袂記得今仔日」……這馬十一月，海水一定足冷。

無應聲。

春榮：我拚命泅，猶是予船的絞螺仔旋捲--落去……四箍輾轉的物件攏做伙絞--落去，我跤躘（liòng）手掠……海水愈來愈寒，跤仔手仔無感覺去……規遍烏趖趖，我聽著有人咧唱〈軍艦進行曲〉……愈來愈大聲……耳仔嘛予海水崁--過，我綴護國丸沉落去深深的海，軍歌的聲對四面八方出--來……

無應聲。

春榮：媽媽，眞正足寒--的⋯⋯

眾人攏無應聲，照美安搭思螢的心情，閣行去到春榮的
邊仔，嘛輕聲細說共安搭。

醫生：我出征進前，看著的攏是足譀古的戰報，閣佇佗位拍沉
幾隻連軍的船，袂輸欲戰贏彼形，私底下悲慘的消息煞
愈來愈濟⋯⋯轉來台灣，逐家對戰爭的鬧熱煞雄雄冷--
落來，無人來車頭接--我，我行三工才轉去到厝。

阿水起--來。
阿水看東看西。
阿水看著思螢手--裡的せんにんばり。

阿水：布條⋯⋯共布條予我⋯⋯

兵仔：拄仔哪會無看著你？你按怎起--來的？

阿水：我拄仔就綴伊起--來的啊。（對思螢）予--我啦，彼我
的布條仔--呢。我佇頂面有寫遺書，拜託人紮轉來予阮
老母⋯⋯

思螢：遺書？

阿水：我予人判死刑，絞刑進前，全陣的提一塊白布來予--我，

共我講，若準有啥物想欲共厝--裡的人交代，緊寫佇頂
面，個的罪較輕，會替我紮轉去台灣……

思螢：是按怎會判死刑？

醫生：戰爭了後的國際法庭--啦呼，講是講法庭，事實是佇沙
埔頂搭幾个棚仔，阿啄仔坐佇內底，清彩共俘虜審判。

照美：你佇佗位？

阿水：婆羅洲的サンダカン（Sandakan，山打根），我是軍屬，
是俘虜監視員。

照美：我佇マニラ。

阿水：聽講遐嘛有審判……你敢有？

照美：差一點仔。我是看護婦--呢，我是人道佮醫療的代表，
個竟然講看護婦是戰爭罪行的加害者，講啥物要笑！

阿水：你嘛捌英語？

照美：較早佇女子學校捌學過一屑仔。

阿水：蓋好，我嘛想欲讀冊。（頓）毋過阮用袂著英語，比跤
畫手就會使，曹長（tsô-tiúnn）共阮歹，阮嘛歹--個，個
會驚，就加減聽有命令。

醫生：我嘛險險愛用著俘虜，好佳哉彼陣已經戰敗--矣。

無應聲。

阿水：不過你無予人審判。（頓）這隻船欲駛去佗位？上陸了

　　　　後，阮敢會予人重新審判？

醫生：（對思螢）問--伊，我無看著重審（tîng-sím），下一代
　　　　人恐驚連這都毋知……

　　　　無應聲。

照美：咱來重判（tîng-phuànn）！予姑娘仔主持。

思螢：是按怎是我？

醫生：因為你是唯一予人留--落來的人。

照美：你，就對你開始，伊會還你公道。

思螢：我敢會使？

兵仔：賭你會使爾。

思螢：我袂當。

兵仔：干焦你有彼款的目睭，閣捌看過現代的風景。

思螢：恁最後攏欲離開--諾？

兵仔：悾--的，阮自本就是死人--矣。

照美：緊--咧，審判欲開始--矣。

　　　　無應聲。
　　　　阿水搬椅仔來，疊予好，踮起懸的所在。

阿水：我是黃阿水，大正十四年出世，台中州人，我因為虐待
　　　　恰刣死俘虜予人判刑。逐个攏和我做全款的代誌，毋過

有人較好運，過一站仔就予人減刑，死刑減做十年徒刑，十年徒刑變做無罪的人眞濟，毋過……我眞欣羨--佇。我原底是十年徒刑，申訴了後，顚倒變死刑。

無應聲。

阿水：可憐俘虜的人，偷偷仔攑物件予佇食，煞予長官罰。曹長罰阮互相搧喙顊（siàn tshuì-phué），若搧傷輕，曹長會叫你重來。這是訓練，嘛是處罰，阮足緊就學會曉按怎搧俘虜的喙顊--矣，學會曉叫佇挖窟仔，挖好了後，阮就去邊仔，曹長會烌兵仔來共佇彈，阮共窟仔坉（thūn）--起來，猶袂死的人，用沙挑搨佇的頭。

無應聲。

阿水：沙挑足重……埋佇塗--裡的頭，目睭擘甲大大蕊……毋毋毋咧講話……阮全陣會共佇講，是戰爭欲刣--你，毋是我欲刣--你……

無應聲。

阿水：沙挑攑懸，敲（khà）予碎……頭骨眞有（tīng），佇咧哼（hainn）……扗開始我眞頇顢，逐个都愛敲四五下，白色……腦漿會噴--出來，噴佇烏色的漉糊糜仔頂，才

是真正共佢刣--死……全陣--的教--我，共頭骨敲--落去，
莫用沙挑落去敲……按呢愈疼……莫共佢當做人，共佢
當做西瓜……

無應聲。

阿水：毋過西瓜無藍色的目睭、啄鼻、喙唇佮喙齒，嘛袂叫媽
媽……血佮腦漿留佇衫--裡……我洗手，彼種感覺洗袂
起--來……沙挑敲碎頭骨，有聲音，翕翕……我目睭瞌
瞌，猶原看會著退藍色的目睭。

無應聲。

阿水：啥物皇軍，根本就是皇奴……咱攏是天皇的奴才。

無應聲。

阿水無力坐--落來。

醫生：俘虜有影真可憐，我佇台中州實習的時捌看著一擺，
佮予人派去挖溪仔，挖了較闊，大水來的時較袂去沖
（tshiâng）著駁岸。彼陣我猶未去南洋，我親目睭看--
著，看著欲落雨--矣，佮予人毛去退，足可憐，無コー
ラ（可樂），嘛無ビスケット通食，逐个瘦卑巴，賰一
副骨。（頓）阿波丸頂面的物資，嘛有足大一部分是

欲去救濟俘虜--的。（頓）無彩後來載五百噸的キニン（kinin，奎寧）佇台灣海峽沉--落去。

照美：五百噸！規个マニラ恐驚攏無退濟！

醫生：哈哈，彼陣若是去食海水，凡勢會當治マラリア--咧……

無應聲。

阿水：我看著退藍色、青色、殕（phú）色的目睭，定定咧想，若是彼陣聽先生的話，莫去皇民奉公會報名就好--矣……我一个人偷偷仔去，想袂到予我拄著公學校的野村先生，野村先生大聲共我講：「你來創啥？」我細聲應，先生，失禮，阮兜真正足艱苦足艱苦……我一定愛去……先生受氣--矣，講：「愛錢有別款辦法，你瘦閣薄板，部隊殘忍的訓練，你擋袂牢--啦……」（頓）我一再哀求先生，老師吐一个大氣，講：「欲去就去，家己愛保重，平安轉--來。」

無應聲。

醫生：恁先生有影是足好的人……

無應聲。

阿水徛--起來，褪帽仔致意。

醫生：我嘛來講先生的故事，我尾仔去到インドネシア
　　　（Indonesia，印度尼西亞），佮一个佇帝大捌共我教過
　　　的先生鬥陣咧做研究。我去的所在是低壓（té-ap，「低」
　　　用日語發音）研究所，做一寡關係氣壓的研究，足危險
　　　--的，你敢知影「氣密室」？

思螢：氣密室？

醫生：氣壓有高壓，嘛有低壓，這馬病院就有用高壓來治療，
　　　用濃度足懸的 sàng-sòo（さんそ／酸素，氧氣），治療
　　　糖尿病跤爛--去的患者，予空喙的組織活化，比較（pí-
　　　kàu）較（khah）好復原。講是研究氣壓懸低，不如講
　　　研究 sàng-sòo 的濃度懸低──簡單來講，人若到傷懸
　　　的所在，無 sàng-sòo 就會死。

思螢：傷懸的所在？踮山？

醫生：毋是，比踮山閣較懸。

照美：是飛機-呼？

醫生：著，是戰鬥機的輔助研究，阮先生是醫生，伊會曉駛飛
　　　機，是航空醫生。予人知影伊有航空方面的智識，就
　　　予人徵召去主持這个低壓研究所。美國的轟炸機，像
　　　B-29，因為規隻飛機有四个氣密室供應 sàng-sòo，所以

人員會當自由振動，免揹 sàng-sòo 桶，嘛因爲按呢，B-29 有法度飛去到一萬兩千偌公尺。ゼロ戦（零戰機）上懸飛到八九千公尺，啊人佇六千公尺懸的所在，干焦會當擋幾十分鐘，若準駕駛員袂赴穿 sàng-sòo 桶，眞緊就會昏迷。有一个飛行員講，伊捌佇天頂昏--去，好佳哉伊有醒--過來，看著溪仔邊的石頭，知影離塗跤足近--矣，趕緊摸倒--起來，才無摔--落去。（頓）人美國科技進步，日本攏講靠侗的日本精神就好--矣，不而過袂用--得啊，人無 sàng-sòo 嘛是會死--啊。

無應聲。

醫生：普通時是用動物做實驗，實驗室內底有一台機器，用 mòo-tah（馬達）共空氣抽--出來，邊仔安高度表，知影這馬是咧測驗幾公尺的情形，機器會當試到幾萬公尺，毋過阮毋敢按呢做，就算共動物掛 sàng-sòo 桶，到一萬五千公尺，動物嘛是一下仔就死--矣。我的工課足簡單，就是掠檢體、抽血，量動物的血球、血色素、白血球，做一寡檢查。我捌揹 sàng-sòo 桶，進入一萬一千公尺的測驗室內底，好佳哉我無死。閣來的實驗，因爲攏傷危險，就毋敢閣做--矣。

無應聲。

醫生：有一工，先生講今仔日無欲做實驗--矣，招我去食飯。我會記得彼是一間足高級的餐廳，餐廳內底攏是海軍的高級將官，佮位階足懸的人員，我真緊張，毋知先生欲共我講啥，先生講一寡伊過去的故事，共我講，煞--落來阮會有一場苦戰，我問伊是按怎，伊幌頭（hàinn-thâu）。我問--伊，伊閣幌頭。

無應聲。

醫生：先生袂輸下定決心全款，共我講，西貢司令部的命令--落來矣，希望阮莫用動物，改用俘虜做實驗。用退的荷蘭--的、英國的兵仔來做實驗。

無應聲。

思螢：按呢毋就是人體實驗？
醫生：無毋著。
阿水：國際公約當中，袂當虐待……
醫生：著，阮攏知。我一句話都應袂出--來。

無應聲。

醫生：先生問--我：「田中君，欲做--毋？」（頓）田中是我
　　　做兵彼陣的名。

　　　無應聲。

醫生：規間餐廳干焦我知影伊咧講啥。

　　　無應聲。

醫生：我徛--起來，應講：「報告，無愛，我是醫生，毋是殺
　　　手。」

　　　無應聲。

醫生：先生講，伊有一个計畫，希望我共鬥跤手。

　　　無應聲。

思螢：啥物款的計畫？

　　　無應聲。

醫生：假破病。伊假仙昏--去，送入院，共醫生講伊可能著啥
　　　物病，叫醫生共安排一大堆檢查，驗血、電光……等到
　　　結果出--來愛兩三禮拜，我就佇病院內底鬥顧先生，應
　　　付西貢彼爿的命令。兩禮拜後，美國的原子彈擲--落去，

日本就降伏--矣。

無應聲。

醫生：好佳哉予伊等--著。閣差小可，阮攏袂擋--得矣。

無應聲。

乞食：原子彈是啥？

阿水：是一種破害力足大的武器，聽講共ひろしま佮ながさき攏予磅甲平平平。

清二：聽起來足恐怖--的。

照美：毋知遐--的足好--的。佇俘虜營的時，聽講咱愛對日本人變做中國人，我聽著隨吼--出來，我無愛變做中國人。

醫生：我轉來台灣了後，閣予中國徵召去做兵，去戰場做軍醫。

照美：按呢--喔，有影是按呢較好--啦呼。

無應聲。

醫生：我到這馬猶是毋知神靖丸船底兩百幾个醫生是欲去創啥，干焦知影欲去婆羅洲。彼當時海軍、陸軍攏問--過矣，無人知影，這隻船的任務真神祕，到這馬攏無人

知，神神祕祕。可能戰爭了後攏燒燒--去矣。日本降伏
了後，我就一直替先生處理遮--的代誌，我問先生，資
料攏燒掉，是毋是真無彩，先生幌頭，無應聲。

無應聲。

醫生：彼陣我拄對研究所出業，才二十三四歲，猶閣是囡仔，
　　　啥物攏毋捌。

無應聲。

阿水：醫生，我想欲知影，是按怎是我？若準我嘛讀研究所，
　　　若我和你換，是毋是予人絞--死的人就是你--矣？
醫生：我嘛想欲知影是按怎是我，是按怎我無坐著神靖丸？是
　　　按怎我平安轉來故鄉？
乞食：按怎看攏是天皇的罪，是伊下令發動戰爭。
照美：戰爭了後共咱擲佇俘虜營內底絕望咧等待的日本人就
　　　無罪？就算個刣死退的軍官，我嘛是閣佇マニラ，袂當
　　　轉--來……
清二：敢講連軍就無罪？敢講刣死咱的人嘛無罪？
醫生：戰爭了後的破敗恁啥物人攏無看--過啦呼？我上袂當理
　　　解--的，就是退呢仔奢颺（tshia-iānn）的隊伍送我出--
　　　去，轉去台灣煞無人咧等--我……

兵仔：這馬台灣敢無人會記得咱？

醫生：我定期參加一寡紀念活動，內底有像怹按呢的人的親
　　　人，嘛有像我這款人的親人，不而過頭尾等無像出征彼
　　　陣，遐鬧熱的隊伍……

照美：敢講咱自願出征，是咱的毋著？

春榮：是天皇共咱放揀……是天皇共咱擲佇樹林內、擲佇海
　　　底、擲佇遙遠海島的俘虜營……

思螢：毋但天皇，戰爭結束了後，所有的人攏共怹放揀--
　　　矣……

無應聲。

照美：無罪！阮無罪--啦！

兵仔：照美小姐，咱毋是無罪……

照美：天皇都無辜--啊，是按怎咱有罪？

阿水：是棋子（kî-jí）有罪，抑是行棋的人有罪？

兵仔：若是咱無罪，是按怎眠夢的時閣聽會著遐的銃聲，是按
　　　怎會記得戰友的腸仔佮肉噴佇身軀，血的臭臊幾若工袂
　　　退，是按怎會記得刺刀攕（tshiám）入身軀的感覺，是
　　　按怎會記得落（lak）--落來的目睭……咱敢有影無罪？
　　　若無罪，是按怎會予惡夢折磨？

醫生：你講--啦，干焦你有資格講話。

　　　　無應聲。

思螢：我感覺眞奇怪……是按怎欲活甲遮爾仔痛苦，阿公破病
　　　的時，逐工拚命咧記伊發生過的代誌……親像干焦記遮
　　　的痛苦……是按怎？

照美：戲院佮舞廳攏佇戰爭炸--去矣，捧咖啡杯的日子嘛袂閣
　　　轉--來矣，我上愛的物件攏予我遮爾艱苦，毋過我嘛是
　　　共記牢牢。

阿水：是按怎欲閣記遮的代誌--咧？

照美：佇マニラ的樹林仔內啉生的溪水彼陣，若是想著一屑
　　　仔燒咖啡的快樂，我就感覺有價值--矣……就像坐佇戲
　　　院的椅仔頂，我攏愛想像這齣戲是爲著我一个人搬--
　　　的……我感覺按呢就有價值--矣，我經過遮的一切攏是
　　　我捌活--咧的證據……

　　　　無應聲。

醫生：日本投降了後，阮準備轉去台灣進前，拄著印尼獨立戰
　　　爭，印尼欲獨立，不過荷蘭人無愛，就發生戰爭。阮
　　　去俘虜營的中途，拄好是印尼和荷蘭的戰場，我干焦
　　　去放尿，險險就予炸彈炸死--矣，好佳哉全陣--的人緊
　　　共我摸過伊彼爿。後--來我定定咧想，若我彼陣死--去，

嘛毋是日本人，嘛毋是中國人，毋是印尼人嘛毋是荷蘭
人……

無應聲。

醫生：後--來印尼和荷蘭講和，阮關佇本來關印尼人的俘虜營
　　　內底，有一寡配給像牛肉罐頭、ビスケット，一禮拜一
　　　罐牛肉罐頭，真好食--喔，毋過阮無青菜，愛家己種番
　　　薯葉仔，煮飯是用番仔油籠（láng）煮，欲煮的時陣就
　　　去挽--寡。

兵仔：我足懷念一種蜜柑罐頭，進六會提來病院，偷偷予我
　　　食……

乞食：我捌食彼款牛肉罐頭，真正足好食。大概是我這世人食
　　　過上好食的物件--矣，內底除了牛肉，閣有筍絲。阮的
　　　糧食佇空襲的時予人燒--去矣，長官派我佮清二去共分
　　　部的人報告，希望個分一寡糧食予--阮。阮盤過一粒山
　　　才到遐，閣枵閣忝，分部的小隊長提一罐罐頭予--阮，
　　　伊愛去佮長官討論，咧等的時，阮就先食這罐罐頭。有
　　　影是我食過上好食的物件，我佇樹林仔內咧齧（khè）
　　　檳榔樹佮弓蕉樹心的時，我定定想起彼罐牛肉罐頭……

清二：我--喔，上思念南洋的溪仔，用頭盔（thâu-khue）當做
　　　觳仔（khok-á）撈（hôo），規个攏蝦仔，生食甜粅粅

（tinn-but-but），連豆油攏免搵。

醫生：蝦仔有啥物稀罕，我食過鱷魚（khȯk/gȯk-hî）--呢。

阿水：阮嘛有想欲掠……皮傷有--矣，連刀仔就攕袂入去。

醫生：我教--你，用竹仔黜入鱷魚的跤指頭仔內，了後接樹奶管，灌風--入去，共鱷魚當做雞胿仔，灌風罐甲伊磅--去，皮就破--去矣，會當食內底的肉。

思螢：足厲害！

醫生：這步是我想--出來的。

照美：我懷念佇台灣食咖啡彼種無煩無惱的時間……彼陣我佮愛人仔坐佇大片猗窗邊，相對相（sio tuì siòng），捧家己嘛感覺苦的咖啡沓沓仔啉，啉甲尾仔，竟然有小可甜甜……

阿水：我佇俘虜營才第一擺啉著咖啡，我毋敢相信世間上有這款物件，閣苦閣厚，人生已經遮苦--矣，閣愛食咖啡……

醫生：我佇大學的時陣嘛定定佇咖啡廳讀冊，講是讀冊，攏是去看ねちゃん踅神……後--來，閣食著咖啡，就是佇海軍餐廳--矣……

思螢：後--來你敢是就轉去台灣--矣？

醫生：是--啊，坐船轉--去，會赴見阮老爸上尾一面，伊彼陣已經破病甲足嚴重--矣。

思螢：按呢--喔。

醫生：嘛無啥--啦，會當活咧轉--來看--侗，就好--矣。

思螢：你敢袂驚？

醫生：驚當然是會驚，毋過嘛是愛轉--去啊。

思螢：毋過……醫生，活--落來敢有影較好？

兵仔：戀囡仔，若會使，逐个嘛想欲活咧--轉去。

醫生：你知影啥物代誌上悲哀--無？佇欲轉去的船底死--去。阮船底就有一个是按呢的人，破病甲足嚴重，我嘛無法度……閣三工就到台灣，伊擋袂到。阮共辦海葬。是足簡單彼種，唱兩遍〈海行かば〉，逐个人褪帽仔致意，共死體沓沓仔送入海底。足濟人攏咧吼。拍損，就差幾工仔。

無應聲。

醫生：彼个感覺足奧妙，若像彼个人替我死--去全款，佇彼擺了後我就袂驚--矣，嘛袂閣加想啥，活--咧已經足好運--矣。

無應聲。

思螢：彼條歌敢是按呢唱--的？

思螢唱兩句。

兵仔：你哪會曉？

思螢：這是我的育（io）嬰仔歌。細漢阿公攏唱這條歌搖我睏。

醫生：彼陣逐家攏會曉--啊，比國歌閣較勢唱。

思螢：恁彼个時代的人攏足特別--的，像你講--的，敢若毋是
　　　中國人，嘛毋是日本人，甚至毋是台灣人……

兵仔：凡勢因為拚命欲活--落去，毋管日本人台灣人英國人，
　　　佇戰爭的地獄內，攏干焦想欲留一口氣。

　　　無應聲。

思螢：我想欲戰爭結束。我會當--無？

　　　眾人無應聲看--伊。

醫生：我坐船坐退濟擺，上愛--的，是佇無月娘的暗暝，徛佇
　　　甲板頂看星，看南十字星，彼是四粒星，對星的延伸線
　　　（iân-sin-suànn）看--過，就會當看著南極星。我會當規
　　　暝看天頂全全星，海真平靜，規片的星照佇海面，規隻
　　　船袂輸佇河溪咧行。

　　　無應聲。
　　　思螢唱〈海行かば〉，其他人漸漸加入合唱。
　　　眾人對椅仔頂徛起來，褪帽仔共紀念碑致意行禮。

〈海行かば〉

海行かば、

水漬く屍；

山行かば、

草生す屍。

大君の　にこそ死なめ、

かえりみはせじ！

劇終。

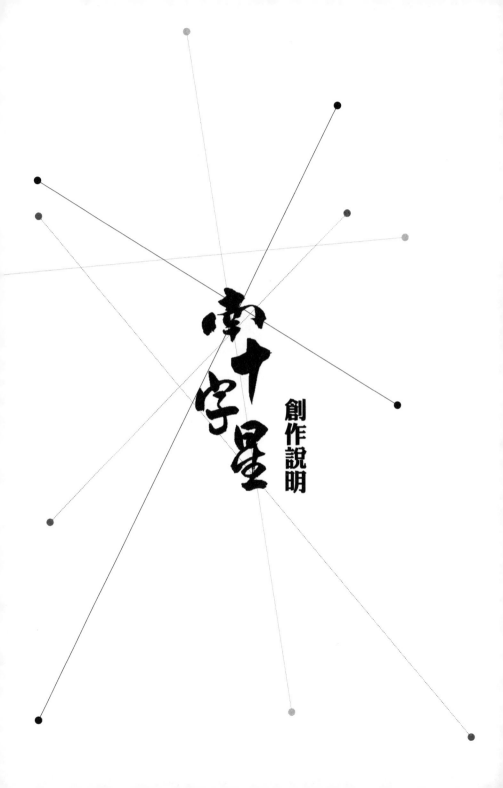

南十字星　創作說明

演出規劃

一、起點

我想先從公園談起，最理想的場地是高雄旗津的戰爭與和平公園，配合館方在春秋兩季舉行的紀念音樂會，觀眾或站或坐，或走或留，開闊的草地連接更廣闊的海洋，一切都是從這裡開始的。

一開始就是為了這個公園而寫，劇中的紀念碑和青木伍長帶著清二、乞食從海底行軍上岸時，我在心裡想像的就是這個公園。我在寫作之初就決定要在這裡進行一場露天演出，其一是因為我受到戰爭與和平紀念公園主題館諸多照顧，其二則是紀念在此自焚而死的許昭榮先生。對我而言，在這個場景的演出要盡可能簡單，利用椅子等隨手可得的道具，搭造成船的形狀，邀請觀眾在劇末一同合唱。

這是比較理想的情況，在這個場地演出是為了讓觀眾感受海在多近的地方，我們正位於當時台籍日本兵出發的港口，我們又是怎樣藉由海，藉由一個又一個的故

事，和這些故人的命運相連。

二、語言

　　我選擇使用華語為主要語言，並保留訪問時聽到的日語單詞，我希望當某些特定名詞（如曼諾瓦里島）對演員來說太拗口時，可以改為日語發音。這個改動並不期望觀眾能完全聽懂，只要意會到談論的是地名或病名即可。

　　會混雜日語，一方面是想重現訪談當時的情景，另一方面也是當時台灣人語言混雜的最好表徵。而劇本主體使用華語，而非日語或台語，是因為這是我最能掌握的語言，於是捨棄「歷史的真實」，而採用「創作的真實」，只有使用創作者可以妥切使用的語言，才能表達創作者所想表達的主題。即便語言沒有交集，這裡頭依然有普世性的價值在呼喚著我，讓我寫下這些故事。

三、船

　　若果在公園演出，我會希望船只是簡單的椅子等道具，但若是售票演出，我希望是在黑盒子內演出，以空椅子代表紀念碑，船則是一開始就存在場上的象徵道具，是舞台設計的一部

分，存在於左下舞台，是類似長廊的裝置。長廊稍有高度，在第二幕會變身爲船，而整個舞台分割爲船上和船下，所有關於過去再現的事件，都會在船的部分搬演。演員也從船的部分進出場。船象徵過去與現在的銜接點。最終演員會一一下船，回到船下的空椅子前演唱。

四、觀衆

　　我理想的觀衆，是如我一樣的年輕人。父祖輩的影響已漸漸弱化，以致對國族認同感到困惑，想去尋找歷史軌跡的人。這樣的觀衆也許更樂於知道這段被隱蔽的歷史，因爲他們在尋找的，也是我在寫作中尋找的事物，比起明確的認同，更在乎尋找的過程，歷史怎麼走到現在這一步，而我們又在戰勝國與戰敗國的轉換間遺失了什麼。這之所以重要，是因爲台灣人若繼續以戰勝國史觀描述歷史，會面臨到與己身歷史的斷裂，一如戰後語言和文化的斷裂，無法解釋爲何一瞬之間戰敗國就轉換成戰勝國，一些人就此沉默，政府開始訴說大國的歷史，將台灣這個海島打造成大國的複製品，彷彿小孩穿著過大的衣服。脫離強人統治後，無法掩蓋的事實和大國的幻想越離越遠，若不找回斷裂的原點，無法認清台灣的定位爲何，也會終生困惑於自己究竟是誰。對這樣的人來說，我只是掀開那之上

厚厚的灰塵，讓人看見這些人的故事，而能夠去思索自己從哪裡來，將要去到哪裡。

五、歌

　　劇末的歌是〈海行かば〉（海行兮），是二戰時期的軍歌，也一度成為日本的準國歌，歌詞如下：「海行兮，願為水中浮屍；山行兮，願為草下腐屍。大君身邊死，義無反顧！」大君指的是天皇，一如其他軍歌，這是一首為天皇盡忠之歌，但我留意的是歌詞最前，向海、向山行去的意象，也許這是對戰死者最好的致意。另一方面，當時若有餘力，這首歌也是為戰死者而唱的送葬曲。

　　我無法迴避這首歌的軍國主義傾向，殖民地的人們對天皇有其信仰，這無可厚非，但最終這首歌只呈現了一個安靜的景象，草下腐屍、水中浮屍，屍體是不動的，但精神卻與天皇同在。現代社會的天皇已經不是神明，為什麼我還要選這首歌？甚至一些相關的紀念活動，也選擇這首歌做為精神象徵？

　　我認為這些出征者是將生命交到一個比自己更高的存在之上，「大君」在當時是指至高無上的天皇，但從現代的眼光回看，也許「大君」代表的是那些驅使他們出征，又將一部分人帶回的、無從拒絕與選擇的命運。命運有時苛酷，有時寬容，

儘管出征者最後的下場可能成爲腐爛的屍體，但他們並不畏懼，只是將自己交託到命運手中。出征者們實際上信仰的，也許不是遠在天邊的天皇陛下，而是他們從蠻荒叢林帶回文明社會的新視野，開闊的大自然、南十字星與他們終身懷抱的世界主義，那才是「大君」的眞面目。

　　我希望觀衆能和演員一起合唱，會事先發下歌詞。音樂部分，則希望由樂手演奏，讓這首歌柔軟一些，卻又不失哀傷與莊重。

六、表演

　　這不是一齣寫實的戲，一如我所說，我不可能還原歷史眞正的樣態。但我希望情感上盡量寫實，我希望演員與導演充分了解戰爭的意義與無意義，盡可能去逼近角色的生命故事，並理解到這些劇中人皆是常人，不需要過分誇張的大哭或大笑，所有超越某個界線的事物，對這群人來說都是無意義的，他們已是鬼魂，削去了生而爲人的部分面向，只展現他們對於戰爭和遺憾的執念。

主要角色

一、思螢

思螢是帶觀眾去聽、去看的領路人，因爲她試圖了解的心，才召喚出種種鬼魂。阿公過世後，她越來越深陷於自己失去工作、沒有目標的生活，直到劇中的「到場」才是她的第一個行動，也是結束一切，展開新生活的開始。她飄盪著，不明白自己從何而來，將往何處，正如劇中暗示的台灣人的命運，也是戰爭之後所有鬼魂想透過重述自己的故事去達到的。

二、照美

照美的多面性在於，其對國族的認同並不是因單純實踐了殖民者對下的想像，而是建立於這個殖民體系將她從必然從屬於男子的命運中解放，讓她獲得「得以與男子平起平坐」的機會。「做中國人」一事，則令她必然得離開這個讓她成爲一個新時代活潑女性的殖民體制，而也許在她的時代中，只有在那樣的體制中，她的活潑和發揮才是可能的。

南へ行け・南行兮[1]

一、殖民者與被殖民者

（一）如果我們失去語言

沒有獨立國家觀念的台灣人，如何能取得與統治者同等的立場是最大的課題，而要取得這種地位去和強大的統治者武力對抗是不可能的，當然能透過互相了解尊重，互相協力是最理想的，但是在當時尚未有民族自決、重視人權的時代是不可能的。而在戰前那種幾乎經常發生戰爭的時代，統治者與被統治者站在同一立場，共同戰鬥是最容易產生連帶感，利用它來建立互相信任的信賴關係是一種最壞卻是最有效的方法，這個事實，在同樣是第二次世界大戰中，住在美國卻受到差別待

1　日治時期國策宣傳片《南進台灣》片中標語，意為「到南方去」。

遇的日本人二世，當美國志願兵而且自願遠赴當時最危險的歐洲戰場，就可以了解當時台灣人的心情，換句話說，在生命共同體的軍隊裡，是統治者與被統治者最容易爭取到平等立場的地方。[2]

2016 年 3 月，我參加了江耀輝先生的葬禮。做完口述歷史，像是多了一個臨時的家人，也和家人一樣，我總不知道如何與他們相處。我沒有足夠的語言來描述這些家人的樣貌，僅有白描似的生命史，我不知道該從哪裡對他們解釋：虛構是什麼，為什麼我要虛構這一切，以求更逼近真實。雖然，我有時想，他們可能並不真的想知道答案，但還是將他們珍重的故事交託給我了。

這是我第一次失去語言，或者說，儘管我能夠以我的語言解釋這一切，也沒有什麼意義。我在重新尋找他們遺失的語言，如果我不能以那個語言說話，我所寫的一切，就僅是我一廂情願地揣度他們的生命。

日本人尚有靖國神社可供憑弔，戰後也始終有些總被當作神經病的老人，用擴音器在路邊講演，要天皇陛下還給他的軍隊應有的榮光。儘管發動戰爭的那位陛下已經謝世，這些我所

---

2 周振英，〈我的父親──周金波〉，收錄於周金波著，詹秀娟等譯，中島利郎、周振英編，《周金波集》（台北：前衛，2002），頁 354。

訪問的長輩，他們至今依然沉默，有許多人直到自己變成一塊無語的碑石，卻還是什麼都沒有說出口。許多無由紀念的骨灰與牌位沉睡在台灣幾處廟宇、紀念園區，一年兩次祭儀，到場的多是好奇的觀光客。

我是一名暫時借來的家人，靜靜坐在會場角落，想起他們的生命也是我借來的，我用這個借來的身分，試圖為他們說一點話。他們從南洋帶回的消息，在全島政權轉移的當時，顯得格外敏感。一位同學談到祖父的經歷，在島上最為風吹草動的時刻，全村所有去南洋打過仗的男子——包括他的祖父——都被集合起來，到深山裡避風頭，而他的祖母和村裡的女人則把丈夫的軍服、軍帽全數扔到井裡，用大石頭蓋起來。同學半開玩笑和我說，如果現在去他家附近開挖，也許可以挖到大量的軍服等文物。

為了與殖民者平起平坐，這些人選擇將自己投入戰場，只有同樣以性命拚搏，才使得一群人與另一群人之間的差異縮小或消滅。

他們希望自己從南洋回到故鄉時，能讓故鄉的人知道他們曾經歷過什麼，戰勝者可資紀念，戰敗者有所憑弔。儘管徵召他們出征的日本戰敗了，他們卻因國民政府遷台，突然成為戰勝國的國民。至於他們原本能夠言述的一切，都被新的國家掃進歷史的塵埃中了，做為戰敗國士兵歸鄉的自己，無處可以悼

念，也沒有語言表述這樣的狀態，遇到同伴時特別高興，卻也不太多話，偶爾才哼出一首日語小調。他們看著孩子、孫子長大，知道他們終將失去自己身上攜帶的歷史。這些反覆地被國家背叛的人失去了語言，不只是從日語、台語到國語，他們失去了為自己說話的能力。

而這是我為什麼在這裡，像一台靜默的錄音機。

問起此事，有些人特別健談，有些人則否，江先生在家人陪伴下與我談話，我不熟稔台語，往往還需要陪同的家人幫我再翻譯一次。但這無傷，往後我還會在深夜中倒帶多次，重新將自己置入同樣的語境。

在他們面前，我是沒有語言的，因為這些經驗他們從未述說過，我沒有能深入他們的語言，只能從後追趕、拼湊，而這些他們講述的事，他們生命的一部分，都是我這個說著不同語言的人，透過各種管道所侵奪的。我不能使用我熟悉的方式去描述他們，因為那會扭曲他們的生命，再次奪走他們僅存的故事。

我只能重新學習他們的語言，承擔失去語言的痛苦，以此更逼近他們的生命。儘管最後我所能說出口的，都是虛構，不可能是他們所經歷過的真實。

如果要解釋我在做什麼，也許可以說，我試圖給真實一個新語言。

（二）自焚

許昭榮先生是一名打過國共內戰的台籍日本兵。1945 年終戰返回台灣後，又隨即因為受過日本海軍訓練，被徵召為中華民國海軍，擔任接收並修復日本艦艇的工作。在經歷幾次密告與牢獄之災後，他經商，並積極投入政治運動。

對我而言，最重要的是，許先生在 1987 年開始尋找散居世界各地的台籍老兵，包括在台灣、在日本的台籍日本兵，以及國共內戰後滯留中國大陸，因為兩岸分治而無法回鄉的老兵。2008 年 5 月 20 日，許昭榮先生因抗議台籍老兵長期遭到台日政府忽視，而在「台灣無名戰士紀念碑」前自焚身亡。

大學時，我偶然讀到許昭榮先生的傳記，是他猶原在世時出版的，被台籍日本兵這群人的經歷吸引，我開始收集資料，也是在這過程中才得知許昭榮先生自焚的消息。

為什麼要這麼激烈呢？我花了很長一段時間才明白他想保全什麼，先前他組織這些被長期忽視、遺忘的台籍老兵，向高雄市政府爭取到一塊空地，自籌經費建造「戰爭與和平紀念公園」與「台灣無名戰士紀念碑」，但 2008 年年初，有市議員帶著曾參與八二三炮戰的老兵，倡議將此公園改為「八二三炮戰紀念公園」，又或者，將「戰爭與和平紀念公園」改為「和平紀念公園」，並在公園中擺放巨大的八二三炮戰紀念碑。

　　許昭榮先生死後，「關懷台籍老兵文化協會」成立，成員幾經奔走，在市議員與市政府的協助下，在該處建成「戰爭與和平紀念公園」，並設置紀念場館。春秋兩季，會舉辦死難者的慰靈祭，包括音樂演奏、獻詩、簡單的紀念儀式，以及一系列講座，帶領生者認識這段被忽視、被遺忘的歷史。

　　我理想的劇本形式，也是這樣的慰靈祭。生者與死者的界線模糊了，鬼魂與人們帶著花束，回到紀念碑前致意。

（三）穿靴子的野蠻人

　　坎托雷克也許會說，我們正好站在生命的臨界點。沒錯，我們的確是處於類似的狀態，我們的根還沒扎深，戰爭就把我們沖走了。對於其他那些年紀大一點的人來說，戰爭只是打斷了生活。他們可以跳過戰爭思考，我們卻被戰爭抓個正著，不知結局如何。我們眼前只知道，自己連悲傷都來不及，就莫名其妙的成了野蠻人。雖然謬勒很想要坎姆利希的靴子，卻不表示他缺乏同情心。其他人只不過是因為悲傷不敢說出口，而謬勒只是能清楚區別狀況罷了。如果坎姆利希還用得上這雙鞋，那謬勒肯定寧願赤腳穿越帶刺的鐵絲網，也不會打這雙鞋的主意。現在坎姆利希根本用不上這雙鞋，謬勒卻非

常需要。不管是誰拿到這雙鞋，坎姆利希還是難逃一死的命運。難道謬勒不該想盡辦法拿到鞋？他可是比任何一個救護兵都有資格得到這雙鞋！等到坎姆利希死了就太遲了，所以謬勒只好現在就開始小心翼翼盯著鞋子。

因為其他相關性都是假的，所以我們已經沒有感覺。我們只看重事實，事實才是正確的。而事實是，好的靴子在戰爭期間是稀世珍寶。[3]

1940 年代左右，皮鞋約一兩百元，中學教員的薪水是一個月五十元左右，如果一個家庭能有一百元的積蓄，已經算是有錢人了。這不難想像為何有人自願成為志願兵，軍方開出的薪水是在台灣受訓及待命時一個月五十元，到了南洋戰場，一個月還有多出五十多元的加給和津貼，配發裝備——水壺、軍服、帳篷、軍帽……還有一雙嶄新的好靴子。

這個得到靴子的機會很誘人，因為台灣人和殖民者的士兵會領到一樣的裝備、一樣的薪水，家人也可以得到較多的配給。戰爭讓所有人都變得平等，物質一樣匱乏，不論貧富，都逃不過轟炸，也將領受到平等的死亡。儘管歧視與限制依然存在於軍隊中的每個角落，但在白紙黑字的法律上，台灣人戰死

3　雷馬克，《西線無戰事》。

後，可以比照日本士兵，入祀靖國神社。

　　台灣人——尤其是原住民——格外在意平等，希望能與內地人平起平坐，擁有同等的權利與義務，被承認是帝國的一分子。日治時期國策宣傳片《南進台灣》中，特別提到原住民「想要脫離原始的生活」、「樂於發展經濟」，討厭被稱呼爲蕃人，被認爲是未開化的民族。

　　每當如此，原住民就會提醒對方，他們也是日本人，請不要稱呼他們爲蕃人。這雖是殖民者的觀點，其中也不乏強迫與剝削的成分，但當原住民第一次接收到「國家」這個概念，並在民族主義的熱情灌輸下，如同當時世界上的許多民族一般，也投入國家對抗外敵的號召。

　　「民族」這個概念在清國時的台灣是不存在的，清國的台灣只有地籍與家族，社群的想像最高位僅止於同鄉人。有漳州人、泉州人，但沒有「清國人」，也沒有「中國人」。

　　台灣社會第一次受民族主義思潮的衝擊，是日治時期。明治維新後，日本才開始形塑「日本人」的概念，實際要一直到二戰後，因戰爭毀滅一切，偶然解決了城鄉貧富差距，那個想像共同體才得以完成。

　　台灣也在這個形塑過程中，逐漸產生自己的民族概念。然因殖民地的多重身分，這個概念是複雜的，有認同孫文「製造」的中華民族論者，有認同「日滿漢蒙」的東亞共榮論者，有認

為自己是國際無產階級一員的共產主義者，當然也有認為自己就是日本人的「陛下的子民」。

台灣民族的內容到底是什麼，沒有真正的答案。但認為台灣人在日治時期背叛中國的說法非常荒謬，因為 1895 年的清國不是民族國家，做為民族國家，「中國」是 1912 年之後才出現，而 1912 年的中華民國並不統治台灣。

這樣基礎的歷史事實，在爭論時常常被忽視。台灣人為日本人作戰，是民族國家自然產生的現象，一如一戰二戰，澳紐印非等英國殖民地，有許多士兵為大英帝國作戰一樣，他們在保護一個想像共同體。

當我們拿後世之尺丈量時得格外小心，倘若今日經歷兩次大戰的苦果，人們都還很難抗拒民族主義狂熱的誘惑，那要求尚不明白民族主義盲點的過往之人，預先知道災難會由此發生，是太過苛刻了。

我曾到高雄旗津的戰爭與和平紀念公園主題館翻閱過《祭神簿》，這是熱心民眾至靖國神社將戰死入祀靖國神社的台籍日本兵資料影印帶回台灣的副本，共有三十大冊，收藏於紀念館中。若有親族當過台籍日本兵，並因此戰死者，可以去戶政事務所申請日治時代的戶口名簿，向館方查詢親人戰死何處。

《祭神簿》第一欄是番號，第二欄是軍種（軍屬／一等兵

／海軍／陸軍等），姓名欄後則是戰死時間和死因（戰死／戰病死／戰傷死），其後是戰死地點，次爲居住地及戶籍地、父母姓名等戶籍資料。

戰死地點常有不同寫法，有的非常含糊，只登載「南方群島」，若是軍艦被擊沉，因之殉難，則登載經緯度。名簿按照姓氏排列，翻到最後，則是以日本姓名示人者，我無從得知這些人原本姓名爲何，但可以從出身地看出端倪，大部分改姓名者是原住民部落出身。

翻閱《祭神簿》時發現，大部分的上等兵與士官皆改過姓名，我猜想，這可能是較之同袍，他們能順利晉升的原因。我們無由批判在皇民化運動中積極改姓名的人們，並不能說他們背叛了其他人，他們在殖民統治下的確有權如此做，反抗殖民統治者固然可敬，但在不知道這個體系何時會結束的情況下，透過管道爭取權益、提高自己與家人的社會地位，讓家人可以過好日子，是誰也沒辦法苛責的吧。畢竟他們忍受種種屈辱，只爲努力證明家人與自己值得過上好日子，證明身爲台灣人的自己，一樣能負起身而爲人的責任。我猜想，這也許是眞正的愛吧。

1936 年 8 月 7 日，日本首相兼外相廣田弘毅召開「五相會議」（包括首相、外相、海相、陸相和藏相），決定了《基本國策綱要》，將「南方問題」正式列入國家政策，國內也將

關注焦點擺在「南方」地域，使台灣地位漸受關注。此前，日本政府挹注大量資源建設滿洲國，滿洲做為帝國的「北方」，是新的建設中心與注目焦點，當時新京的人口數甚至多過東京，冀望滿洲廣大的土地與中國市場能夠解決國內的經濟及民生問題所產生的種種衝突與矛盾。

　　台灣──以及比台灣更南的「南方」，充滿未開化的土人、未開發的海岸、礦產和原始叢林，唯一欠缺的是文明。殖民者自豪於將文明帶來南島台灣，也想將文明帶去更南的南方，於是台灣人就這樣加入了帝國的軍隊，準備動身前往「南方」。

> 文化這個東西是累積時間與空間性而產生的。而且，所謂的高水準的文化，需要永久的時間性與高密度的空間性來發酵。……台灣在文化的時間性與文化的空間性上未曾受惠。[4]

　　那個時代的選擇不多，台灣菁英到內地去求學與工作，而非屬菁英階級者，則到滿洲去尋找機會。殖民者制定出兩條可能的動線：要不就到內地接受教育，成為一名知識分子，說流利「國語」，過著近似於內地人的生活；要不就到滿洲去，協

4　龍瑛宗，〈作家與讀者〉，原題〈作家と讀者〉，刊載於《台灣藝術》，第4卷第10期，1943年10月1日。後收入《孤獨的蠹魚》，林至潔根據《孤獨的蠹魚》版本譯。後收錄於陳萬益主編，《龍瑛宗全集》第五冊，台南：國家台灣文學館籌備處，2006年，頁124。

助殖民者建設一個可以紓解國內困境的「新京」。這是殖民者唯二認可的晉升管道，若不如此，留在台灣者，就「**還是很渺小的人種**」[5]、「**文化水準還很低的人種**」[6]，儘管滿洲和內地具有種種好處，但事實上就如龍瑛宗所言：台灣「在文化的時間性與文化的空間性上未曾受惠」。

台灣人沒有自己的文化與文明，要不接受殖民者的安排，要不就前往一個無有文明與文化束縛的所在。在那裡，你除了領到一雙好靴子，也不再受到殖民者的規則所限制，你與殖民者同樣面對未知與危險，敵人的子彈和熱帶的疾病無眼，死亡對兩者一樣公平，並非內地人就得以倖免。那是試煉，殖民者害怕一切非屬文明的所在，而台灣人不是，因為只有前往南方，才能大口呼吸自由空氣。儘管大部分的志願者並沒有意識到這點，但他們實際上的確是以此對抗殖民者帶來的「文明」。

《西線無戰事》的主題——第一次世界大戰——是普法戰爭的延續，而第二次世界大戰則是第一次世界大戰的延續，老牌殖民帝國（英、法）與新興殖民帝國（德、日）對於殖民地的爭奪，使得立場相近的國家逐漸結盟為兩邊，也就是同盟國與軸心國。

5 周金波，〈志願兵〉，收錄於周金波著，詹秀娟等譯，中島利郎、周振英編，《周金波集》，頁29。

6 同前註。

　　戰爭的起點皆源於各個國家內部巨大的不平等——國與國，民族與民族，階級與階級。如日本農村與都市的階級矛盾，正是推動日本往外侵略滿洲、華北，乃至於南洋的主因，又或者是歐洲工業無產階級的貧困，推動著戰爭的發生，戰爭提供了大量勞動力的出口，與階級流動之可能。種種不平等，透過對外於己者（其他國家或違法者）的敵視，令人們迅速產生連帶感，不再關注自身的處境，從而將對不平等的憤怒轉向他處。而所有戰爭的結束，都是因為一切文明的成果皆被戰爭摧毀，不平等暫時消失。

　　《西線無戰事》描述的正是將不平等指向戰爭的過程，年輕人被民族主義驅使，志願投入戰爭，本以為戰爭最遲會在聖誕節前結束，但這卻是一場歷時四年的浩劫，本來意氣風發的年輕士兵們，只花了幾天就體會到戰爭的殘酷與生命之脆弱，卻無法脫離這個泥淖。

　　這些年輕士兵代表的是殖民者的立場，對於殖民者而言，在戰場上莫名其妙地變成野蠻人是全然的悲哀，但對於被殖民者而言，終於能夠離開殖民者無孔不入的箝制，也許不完全是一件悲哀的事。他們第一次被允許拿起武器，為自己戰鬥，儘管只是為了證明自己與殖民者同樣有能力擔負一樣的責任，不再被視為不足以擔當重任的低等人種。

　　戰勝者決定了描述戰爭的方式，一如教科書將戰爭成因簡

單劃分爲「反法西斯／法西斯」陣營間的對抗,將戰爭的發起者與參與者視爲罪惡。日本戰後有一針對戰犯的法律條文,但凡從軍者,不得任職於政府或公司要職,造成大量基層士兵失業,但當時的環境不允許士兵們表現不滿,有許多王牌飛行員因此無法擔任機師,也無法再搭上自己最喜愛的飛機,戰爭時越是出名的人,戰後的處境便越悽慘。

相對於台灣人,殖民者的處境也許已經算好的了。戰爭並非台灣人所發起,不能否定這些士兵的生命與他們所想擔負的責任。但在搶奪殖民地的戰爭中,被殖民者難道只能做爲單純的受害者,只有被左右的悲慘命運?面對殖民者所發起的戰爭,難道被殖民者只能跟著殖民者一起「反省」,將他們的生命經驗視作戰爭必然的罪惡,不允許他們說話?

二、新舊視野的交替

(一)運輸船

2016 年 8 月,另一位受訪者魏醫師過世了。訃聞掛在網站上,那是一群父輩曾搭乘過運輸船「神靖丸」的人們所組織的消息網。他們積極尋找與這艘船有關的資料,想知道父親戰時經歷過什麼。而帶頭的洪醫師將這件事視爲他一生的追尋,

在台中霧峰，成立了一間簡單的紀念館。

　　網站上很多訃聞，或如訪問當時魏醫師對我展示的照片
——這人過世了，這人也是，這個人沒有從戰爭中回來。本來
想進行第二次訪問，但遺憾的是已經沒有機會。

　　我在想這些遺憾是什麼，像是有一艘巨大的船不斷把這些
人載走，到我們不知道的地方，讓歷史就此隱沒。

　　台籍戰俘監視員在戰後受到特別苛酷的對待，許多人被以
虐待戰俘的名義判處監禁及勞動，更甚者死刑。與此相關的紀
錄片《赤陽》[7] 在結尾時，訪問了這些不被戰爭法庭公義對待
——或者說，因為戰敗而不被公正審判的老人，戰爭對其有何
意義，其中一人回答：「其實沒有意義，意義都是後來去索討
的。」這些老人有些依然堅持漫漫地和日本政府訴訟，有些人
組織抗議，有些人則在經歷巨大苦難之後，終於在家人陪伴下
度過安祥晚年。

　　我看了幾篇導演訪談，導演提到，曾看過紀錄片的被紀錄
者只有兩位，其他人不是過世，就是神智已不清明，又或者身
體狀況無法負荷。導演感慨最後也許只有自己記得，我也懷疑
我自己不是那個正確的人，找不出最好的語言來描述，卻只能
在時間的夾縫中很快地將這一切速寫下來。

7　陳志和導演 2008 年作品，曾參與台灣國際紀錄片雙年展競賽單元，影片
　　總長 105 分鐘。

這一代人也是夾縫中的人，在中（華民）國和日本的身分轉換間，他們並沒有被國家的界線給限制，反而胸懷著一種超越國族的世界主義。儘管他們可能沒有意識到南洋從軍的經歷帶給他們的開闊與新鮮，也在他們回返時被帶回這個島上。雖然之後的時代不容許他們有所發揮，但這是這一代人共有的特徵，我在訪問魏醫師和江先生時，都感覺到他們有著我這一代人沒有的活力與好奇，願意一再講述這份經歷，害怕自己忘記，也害怕後人無從知曉。

（二）南方消息

雖然我任過重機槍手

從這個島嶼轉戰到那個島嶼

沐浴過敵機五十厘的散彈

擔當過敵軍射擊的目標

聽過強敵動態的聲勢

但我仍未曾死去

因為我底死早先隱藏在密林的一隅

一直到不義的軍閥投降

我回到了，祖國

我才想起

　　我底死，我忘記帶了回來

　　埋設在南洋島嶼的那唯一的我底死

　　我想總有一天

　　一定會像信鴿那樣，

　　帶回一些南方的消息飛來——— [8]

　　《步兵の本領》是我研一所寫的劇本，最初發想是查資料時偶然看到兩名終戰後依然躲藏在叢林超過一年的台籍日本兵，因為被美軍發現，而試圖用磨利的時鐘發條自殺的事件，查了些資料後，又對在叢林躲藏近三十年的士兵小野田寬郎深感興趣，才寫作了這個劇本。小野田寬郎表現得非常像是他那個時代軍人應有的樣子，而那兩位台籍日本兵也是，但不同的是，小野田在三十年後回到日本，依然被熱烈歡迎，這兩位台籍日本兵則是靜悄悄地回台。我刻意沒有讓小野田寬郎說太多話，因為我不明白這些人為何不願放棄殖民者／政客所賦予的那張面具，但直到寫作這個劇本，才發現那可能是別無選擇，他們就是被如此教養成人的，許多我覺得浪漫的細節，也純是迫於戰爭的現實。

　　《步兵の本領》在本質上來說，是個相當浪漫、充滿想像

8　陳千武，〈信鴿〉，收錄於陳千武著，《陳千武精選詩集》（台北：桂冠，
　　2001），頁 111。

的劇本，比起戰爭，更像是未經歷戰爭的青年對戰爭的思辨。正面，反面，我安排了許多不同的人物，讓主角去經歷一次旅程，最終給出的答案，也純是紙上的辯論結果而已。

劇本寫作之初，因爲讀過幾則訪談紀錄，便也決定親身去訪談。這三次訪談帶給我的衝擊都很大，我在整理訪談錄音檔的過程中，反覆去推敲，才終於比較明白他們。他們最初帶給我的都是困惑，也使我流淚，因爲害怕能力不足，或過度自滿而逾越了眞實的分際。

我驚訝的是，不管他們對戰爭的想法是什麼，都將戰爭當作命運去接受，重要的不是己身的生死，而是當下的感受。雖身爲戰爭的棋子，卻不喪失「如何做爲一個人」的感受，也因此在有限或沒有選擇的時刻存活下來。我本以爲他們是較他人伶俐或體格強健才得以存活，他們卻只說是僥倖。這種接受讓我非常衝擊，不論他們過去受到如何不公的待遇，他們也沒有因此詛咒命運，而是平和地接受這場戰爭帶來的顛簸。

這在我的短篇小說〈三分之二的松鼠〉[9]中有所著墨，主角在苛酷的戰爭中面臨要不要吃人肉的人性考驗時，偶然發現一隻無頭的松鼠屍體，讓主角得以避開苛酷的命運，平安返回家鄉。不管是偶然發現食物，或如遠藤周作《深河》中吃了同伴的肉的士兵，被白狗帶領找到日軍「自活」農地……這種微

9　獲第十二屆林榮三文學獎短篇小說組佳作。

小的偶然在戰爭中幾乎像是命運之神的特意揀選，讓這些人對自己的生命有一種寬容的接受，不去責怪命運與自己的選擇。

我本以為他們是選擇投入這場戰爭的人，但直到現場聽他們一字字陳述，才發現就連因愛國而自願投入戰爭者，也許都非個人意志所決定。

從〈三分之二的松鼠〉到《南十字星》，對我來說，都只是了解他們的起點，我從這些線頭一步步追索，想知道那一整代台灣人究竟怎麼面對在他們面前忽然展開的時代，面對敗戰的轉折，他們又是如何去接受。這是大多數台灣人看歷史時失落的一角，我想在我自己的意義上，把這部分拼圖拼起來，至少在我眼中他們是立體的，有血有肉的，而不是課本上的一行或兩行字。

《步兵の本領》中寫道，主角這位年輕人，也許是大戰中最後一個士兵，為了所有已死與未死的人，將戰爭帶回來給不知戰爭為何物的大眾，這也許不是個單純的比喻。很多時候，我不免僭越地想，我也許就是那個將南方的消息帶回這個島上的人。

（三）沒有歸處的人

這對我而言為什麼重要呢，我最開始是對他們的日本人身

分有興趣，我想著爲什麼對殖民者死心塌地，到了戰敗不惜爲
其自殺的地步？又想，這些人是怎樣回到台灣的，他們也會爲
了脫離日本人的統治而高興嗎？究竟是懷著怎樣的心情出征和
返鄉的呢？

　　我從這一連串的問號中開始蒐集資料，主要吸引我的是神
祕感，這段時光從未有人和我提過，而我自己也是直到外公過
世，才知道他曾當過一段時間的台籍日本兵，爲日本人設計、
採購高雄煉油廠的器械。但後來吸引我的是他們對於「發言」
的熱切，在漫長的時光中，他們被禁止提到過去，也無從和人
分享、交流，我們可以看見1996年舉辦的研討會是如此盛況：

　　　感謝中央研究院舉辦過去不曾聽聞過的台籍日本兵座
　　談會，藉此，我們這些原台籍日本兵才有機會在公共場
　　所說出我們放在心中五十年的話。因為時間只有十分鐘
　　而已，所以也沒辦法完全表達心內的話，不過，我做為
　　一個軍屬的經驗與感想，想在此說與大家做為參考。[10]

　　如上文所引述的張繼欣先生所說，因之不受重視，人人都
想說一點話，不管是激動或平靜，我被這種想說話的熱切給打

---

10 周婉窈主編，《台籍日本兵座談會記錄并相關資料》（台北：中央研究
　　院台灣史研究所籌備處，1997），頁18。

動。從小我就是一個總是自言自語的孩子，因為少有人有時間聽我講話，我開始說話給錄音機聽，錄了幾卷錄音帶，反覆洗掉重錄，家人不知道我希望他們聽我講話，總在我錄音時悄悄踮腳走過。

似乎是因為這種被壓抑的、對於訴說的渴望，引導我去一個個聆聽他們的生命，也在聆聽的過程中，了解到我過去的疑問似乎都太過淺薄。這些人渴望將自己的生命經驗交到後輩手上，因為過去種種歷史因素，台灣由中華民國接管，從戰敗國轉為戰勝國的這個轉折，加以之後的二二八、清鄉、白色恐怖，讓他們只能噤口不語，甚至帶著這段經驗進入棺材。

陳雪在小說《摩天大樓》[11] 中寫出了這樣一個情景：一個國中女生，小至手機通訊錄，大至信件、日記、聯絡簿等等，你可以想像的任何東西，無一不會被控制狂母親盡一切手段窺視。在所有的記憶都不能付諸文字的時候，這個女孩子在自己腦中建立了一個記憶圖書館，當她母親不在，她有短暫的空檔可以發呆放空時，她就會回到自己腦中的記憶圖書館，將某個安放架上的記憶抽出來重新回想，又或者全面改動，這是她唯一的出口。

這很類似我之所以寫作的理由，我面臨幾乎一樣的迫切，逼使我不得不採用比較迂迴的方式，去將我的所思所感記錄

---

11 陳雪，《摩天大樓》（台北：麥田，2015）。

下來。小說和劇本是一個很安全的保護罩，我可以聲稱一切虛構，令他人不至於對號入座。我還記得我最早寫就的一個劇本，寫的是母女之間的控制與被控制，我很害怕被老師和同學看出這個劇本寫的就是我自己的家庭，但上課時每個人都只就作品的層面討論，我忽然感覺自己自由了，只要我持續以寫作的方式轉化一切不能言說的情感，就沒有人可以以現實中的事物攻擊我，要我服從於現實，抹消自己存在的紀錄，不出任何一點聲音。

　　我和台籍日本兵一樣，經過漫長的時光，終於找到機會用自己的方式說話，不需要經過任何人同意，就能動用語言，說出心內的話。唯一的差別是，我以虛構做為語言，他們則描述自己的真實經歷。

（四）把台灣放回世界地圖

　　我在劇本寫作時，閱覽了大量的地圖等史料，突然發現自己對附近的國家很陌生，最大的困難是很難將相對位置聯想在一起，我不明白「從新加坡到雅加達要九天航程」在實務上意味著什麼。直到查閱地圖，弄清楚「大東亞共榮圈」的範圍，才比較明瞭為何指揮部在西貢，又我能從他們口中打聽到的這些布署，又是如何做為一個整體，為大日本帝國服務。這時我

才感覺台灣和東南亞國家的距離，不若我們想得遙遠，的確是「南進」的一個重要樞紐。

　　戰前的台灣就已經是這樣的海上通路，和上海、廈門等地僅是三天航程，也常有戲班來台搬戲，和日韓與東南亞也有緊密的物資輸送，延續到戰爭時，形成的是更緊密的物資、情報輸送網。夏衍的劇作〈心防〉中提到有人有意邀請主角至新加坡做報館主筆，是這樣說的：

> 唔，倒是好地方，在南洋……第一是要在國內有名望，薪水是叨幣三百元，叨幣就是新加坡錢，每一塊錢等於中國錢──（亂翻桌上的報紙，看了一下，再講下去）四塊三毛多，那麼三百塊差不多一千二百塊錢了，要是劉先生肯去，對方當然是求之不得，可是，劉太太，我看，劉先生回來時別提起，他知道是我的關係，先有成見……其實，（頓一頓）一方面避避風頭，一方面出去看看，也好啊，反正現在幾張報紙全被禁了，要好聽一點，在報上發表一下，說，到南洋去宣慰僑胞，那還不是名利雙收，一舉兩得嗎，做人，要圖個兩面光，（搖頭）不過，我看，劉先生是不會去的。

　　還有在劇作〈法西斯細菌〉中描述主角最開始在日本留

學，回到上海工作，再因戰爭逃至香港。這些連動的場景，足見當時是個全面的生活圈。

> 1895 年至 1937 年中日戰爭爆發為止，42 年間計有來自上海、福建、廣東三地，分屬 12 個不同的劇種、超過 60 個中國戲班來台做商業演出。其中，來自上海的戲班以演出海派京戲的京班為主，超過 40 團，佔日治時期來台演出中國戲班總數的三分之二，另外，有一演唱京調的提線魁儡班和文明戲班民興社曾經來台演出。[12]

而台灣與上海、廈門等周邊地區的關係也是緊密的，就戲劇史來說，不僅有戲班來台演出，台灣歌仔戲班返鄉演出也造成廈門及附近地區趨之若鶩，成為閩南一帶受歡迎的劇種。而台灣戲班也曾至南洋演出：

> 張維賢於 1928 年冬至 1930 年夏赴日本築地小劇場學習，回台後成立民烽演劇研究會，公開招募研究生做專業訓練，並曾舉行公演，他們追尋小山內薰從自由劇場至築地小劇場所採取的非商業性劇場路線，以及會員制（練習生制）的劇團經營與訓練方式。至於鐘鳴系統

---

12 徐亞湘，《日治時期中國戲班在台灣》（台北：南天，2000），頁 25。

> 也不斷分解，先是部分團員 1934 年底組織「鐘鳴新劇
> 團」，赴南洋、廈門營利演出，主要團員重組「鐘鳴新
> 劇俱樂部」。[13]

　　我曾就地圖追著魏醫師和我提過的幾艘船的航程走，先
到印尼載運黃金、鑽石、治療瘧疾的奎寧與救濟戰俘的物資，
短暫停靠新加坡，經由台灣海峽抵達日本長崎，若海路全在日
本的控制下，這的確是完美的安排。雖然這艘「阿波丸」於
1945 年 4 月在台灣海峽被炸沉，但從這艘船的航程能看見日
本對於台灣地理位置的認識與利用。

　　這時我才感覺世界離我很近，台灣也不是地圖上的一個小
點，我知道有台灣人被派去澳洲北部的戰場，卻不知道澳洲和
我們只隔著幾座島嶼。感覺像是台灣終於被「放回」世界地圖
裡，不再只是一個孤懸海上的小島。

（五）歷史之鍊

　　1996 年舉辦過一次台籍日本兵座談會後，除了相關團體
（如許昭榮先生創立的關懷台籍老兵文化協會）年年舉辦的研

---

13 邱坤良，〈理念、假設與詮釋：台灣現代戲劇的日治篇〉，《戲劇學刊》
　 第 13 期，2011，頁 7-34。

討會以外，已經沒有第二次像中央研究院這麼大型的座談活動了。一方面因為老兵已漸漸凋零，另一方面也是這個議題沒有那麼多資料，主要靠口頭訪問得知，也因老人家的記憶偏差與錯漏而難以系統化研究，又因這段歷史難以被收納入「戰勝國的歷史」，參與過戰爭的老人家多半緘口不提，造成研究更加困難。

　　和我同齡的人們沒有經歷過戒嚴，對過去的言論箝制沒有概念，同時也空前自由，對歷史缺乏實在的感觸，在訪談時不經意一兩句話，就是整個時代的縮影。我聽郭先生談他經歷白色恐怖的刑求，魏醫師說不知為何朋友返台就被抓去火燒島，也聽江先生談外省人霸佔較好的職位，這些事我過去只能在課本上看到，此時忽然就在我眼前立體了起來，歷史不再只是文字敘述，而是一個人如何從過去走來。

　　聽到這些見聞，我彷彿被掃除了觀看的障礙，忽然可以看見整段歷史從何處流向另一頭，視野變得清晰，好像我過去從未讀過、了解過歷史。從身體深處生出方向感，知道自己是誰，要去向何方。因為他們的見聞，我變得比較了解自己，了解自己是怎麼被串進這個歷史的鍊子中，也因為這些人的經歷串起了整段歷史，讓我知道台灣史中始終缺乏的是這些人的聲音。從戰敗國到戰勝國，我們失落了這些人的聲音，但他們意圖從南方帶回的消息，他們的委屈和噤聲，讓大部分的台灣人失去

了認識自己的機會，唯有把失落的這個環節補上，才可能眞正持平地去認識自己的歷史。

三、結語

　　最初在網路上徵求受訪者時，誤打誤撞訪談到從未去過南洋的郭先生，也開始我思索眞實與虛構界線的旅程。江先生的外孫女碰巧看到訊息，告訴我外公願意受訪，過程中也受到江先生女兒許多的協助。又魏醫師的姪孫女願意協助我連絡魏醫師，我爲自己感到十分幸運，一路上受到許多人的協助，包括台籍老兵協會願意讓我翻閱《祭神簿》，拿到《祭神簿》時，我感覺自己全身發抖，我十足僥倖才受到許多人幫助，而這一點點訊息要到我手上是多麼困難，更何況是傳播出去。

　　就連網路時代的我，想接近這些資訊都萬分艱辛，是多少困難他們才能將這些訊息帶回來，又要經過多少困難才願意說出口，任何一點訊息我都心懷感激，因爲當事人面對的是無法想像的艱困。當翻閱《祭神簿》上的每一個名字時，因爲知道人在哪兒出身，哪兒戰死，這些紀錄忽然變成一個活生生的人，讓我顫抖著不忍直視。

　　訪談過程中，訪談者們在南洋作戰的經歷，讓我凝視人如何憑藉人性尊嚴，與對生命的熱望，在戰爭與世間一切仇恨之

風中存活過來。

　　台灣人無法如戰勝國緬懷犧牲，也無法如戰敗國悼念反省，許多台灣人埋骨異域，回鄉的士兵被迫噤聲，台灣人面對著歷史的黑洞，困惑著，徬徨著，成為沒有歷史，以致沒有故事的人。

　　2008年，許昭榮先生自焚，以死的重量，提醒我必須直視靈魂的缺口，我戒慎恐懼地收下這些經歷，時刻不忘許先生遺願，在深不見底的井前，丟進一顆一顆小石子，以聽見從沉默捎來的回信。

　　這個劇本是我的第一步，再來還有一個長篇小說要圍繞著台籍日本兵這個主題展開。這個故事將會由一個小女孩的角度出發，在小女孩尋找前台籍日本兵祖父的同時，也會討論記憶的真實與虛幻。我對虛構與真實的辯證還未走完，還要更深入其中，我不會停止探索和感受，要將這些從叢林帶回的消息，賦予新的語言。

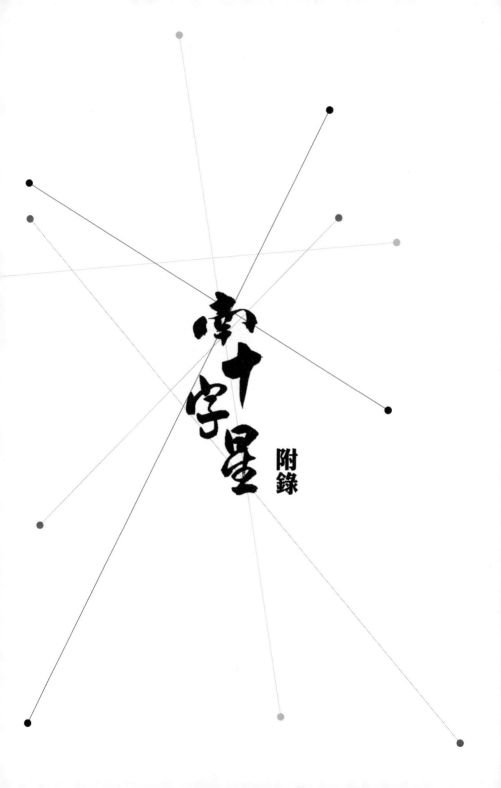

南十字星 附錄

郭振純先生訪談錄

時間：2015 年 9 月 2 日上午 9 點 45 分至 10 點 45 分

地點：景美人權園區，郭先生辦公室。

答：先說明日本政府的徵兵制度，徵兵是日本男子漢滿二十歲，就有義務接受兵役檢查，分爲甲等、乙等……等等，甲等者就要入營做兩年的義務兵。這是陸軍，我不清楚海軍的事情。這兩年之後就退役，做預備役，預備役回到社會後，編入自己的住所，成立「在鄉軍人會」，定期訓練，哪個月、到哪裡去、受訓多久，這就是當時的經驗。日本人來佔領台灣的時候，就又開始，有一段很短的時間，就讓台灣人也服兵役。因爲台灣人的習慣和日本人不合，所以日本軍隊認爲台灣人不適合做日本兵。一直到七七事變（1937 年），才調用台灣人做軍伕，這也要經過體格檢查。到二戰全面爆發（約是西元 1941 年）時，才恢復徵兵的制度，能以志願兵的制度

入伍，願意當兵的人可以志願。我不是志願兵，志願兵大概三年後就可以退伍，終戰（1945年）前一兩年，完全回復徵兵制度，滿二十歲就要接受體檢，甲等、乙等合格者即時入營作兵。

問：你是在恢復徵兵時入伍？

答：對。

問：到東帝汶去？

答：不……不知道是有人聽錯還是搞錯了，我的部隊理當要去東帝汶，但最後沒有去，戰爭末期，等不到船，只有留在台灣。可能因為剛剛開始做口述歷史的時候，我沒講清楚，對方誤會了。我進去的部隊是要去東帝汶的部隊，有一部分的人已經去了，但我們在台灣已經沒有船可以去了。

問：那個時候聽到終戰的消息（玉音放送），是大家一起聽，還是另外有人告知？

答：各地方不一樣，我們屬於戰地，台灣也是戰地，在戰地的部隊沒有集中在一起，分散在各個防守的地方。在戰地、野外也沒有那麼多收音機，我看沒有多少單位有聽到。

問：所以是每個部隊一個個去傳遞的？

答：這是由部隊的師團團部，發出命令給各單位，中隊是最小的單位，師團部傳給連隊，連隊傳給中隊，下令解散。台

灣人就地解散，日本人就留下，集中在一起，我們就回家
了。

問：那在戰前知道要去當兵時，你有託付什麼東西給家人或朋
　　友嗎？或有人交給你什麼物件嗎？

答：沒有，辦理徵兵的單位只會發一張通知書給你，要你哪天
　　到哪裡去報到。

問：在台灣的部隊，在戰時多半在做什麼？

答：剛開始是應付美軍登陸的應戰準備，在海岸線後退一步，
　　做一個戰壕。

問：戰壕大概是什麼樣子？

答：主要是挖地，防備美軍的戰車，做一些障礙物，挖洞之類
　　的。

問：除了這些以外，空襲時如何應變？

答：空襲要躲爆炸，所以要挖防空洞。可以做防空洞的地方就
　　挖個洞，沒有那條件的地方就好像挖戰壕一樣，把地面挖
　　深一點。

問：你現在怎麼看待戰爭的事？這整件事情，從戰前到現在，
　　怎麼回想這件事？

答：每一個現代社會的公民，必須服從政府的政策，若不想服
　　從，你只能準備坐牢，或逃到外地去，不然就乖乖地接受
　　命令。一個小老百姓，你能有什麼辦法？現在大家都想，

無論如何，殺人和戰爭都是可惡的手段，為達成目的的可惡手段。如何避開戰爭，這是每一個公民都有責任的，不要為野心滿滿的政客所唱出來的、虛偽的口號犧牲，而滿足政治家的私心。這要有勇氣和智慧，來有效的把自己的人權伸張，這樣才能防堵獨裁者囂張起來。

問：在等待運補船來的時候，面對自己可能會去南洋的這件事情是什麼感覺？

答：在戰爭中的、在戰地的軍人的身分，沒有那麼多空間去想那些東西，就是一天算一天，大家的心理狀態都是活一天算一天啦，不以死亡這個東西決定……超越了，沒有人在想這個東西，死了就死了，沒有那麼高尚，為了什麼、為了什麼、為了國家、為了天皇這個東西，都沒有在腦子裡面。

問：也沒有為了家人或朋友，而要活下去這類的想法？

答：當然是盡量要活下來啊，但這個想著長活，是已經受了傷，或是船被炸沉，人浮在海上，才會有這種一定要活下來的念頭。平常是沒有這樣的念頭的。所以在那種場合，能夠活下來的，都是靠著個人的意志力和體力。有的人在海裡漂流了十幾天，得救，這沒有相當的體力是沒有辦法達到。

問：就連戰友死去的時候也是這樣想嗎？會怎麼想，或者也沒

有餘力去想？會有所感觸嗎？

答：同樣受難的戰友啊，如果自己情形比較好，當然是會幫助
他，大家互相幫助，這是很自然的事情，互相幫助，好脫
離苦境。沒有那種為了自己要丟掉戰友的事情。

問：戰友因為空襲或其他原因死去時，是怎麼看待這種事情？

答：受傷當然是互相照顧，死掉的話，就把他埋起來啊。

問：不會有別的感觸？

答：沒有，就這樣。

問：我總覺得我之前好像把戰爭想得太簡單了。

答：當然啊，你這個……以常識沒辦法了解的事情，體驗者以
外不會懂得那種殘酷的心態。不要說戰爭，在白色恐怖的
受難者當中，你們有好多人在問口述歷史，被問的人，每
個對象都不一樣，不能用同樣的眼光去了解他，因為你了
解不到。問他說，你受刑怎麼樣，怎樣懲罰，怎麼樣，談
這些，你也想不到，對不對？那如果，像你們這樣的人，
你問受苦的人，你對政府的想法，什麼想法，你也是沒辦
法了解的。有的人替那些政客，替那些加害者背書，那個
時代，沒辦法，不得已才這樣做，這是時代環節的必然。
那麼，我要反問了，應付那個時代的環境，除了殺人以外
沒有辦法嗎？他的智慧，只能夠殺人，那這個人就沒有資
格做時代的英雄啊，對不對？智慧那麼低，只懂得殺人才

能夠維持他的政權，所以這個怎麼……不管在什麼時代，都不可以殺人啊，不可以，你要想別的方法，你要統治權，你要什麼，你要想更好的辦法才好，沒有，你想不出來，你就退嘛，你就讓人家去做嘛，不要霸佔那個位置。這跟日本明治維新不一樣喔，那些維新的領導人，都在證實這件事的必要。他們即使做不來，讓給人家做，這就是尊重，這就是胸懷。當時的很多人，新的時代我沒辦法負責了，退下來，讓別人去做。所以人家那種革命是有意義的，是有實力的，沒有私心，考慮個人。尤其現在可惡的，是那些為加害者辯護，說這是不得已的。

聽著錄音，我現在知道他的沉默是什麼了，那是他在思索語言怎麼轉換。國語不是他的母語，但他拿我的破爛台語沒辦法，要我說國語就好了。我用的詞太僻澀，他講的台語對我來說又太艱深，我們因為字音相近，一直誤以為對方認識自己的某個故人，但最後卻是烏龍一場。比起聽打訪問，更多的時間是在聽打沉默，慢慢聽空氣裡沙沙沙的雜音，等時間跑過去，聽到有話音，手指就跳起來打，以我過去工作過的逐字稿而言，這是非常好打的，速度不快，更何況我本人還在場專心聽過。但我只能慢慢地打，一邊想著這沉默是否太難堪，一邊試著接受現在的自己只能做到這樣的事實。

江耀輝先生訪談錄

時間：2015 年 9 月 8 日

地點：藝大咖啡

備註：由江先生的女兒江麗芬女士陪同。以下皆為江先生以台語所述，盡量貼近江先生的表達。

　　1925 年 10 月 14 日，台中州員林郡永靖莊（彰化縣永靖鄉）出生。小時環境富裕，除務農（種橘子、種稻）外，還經營香蕉乾、（手工的）鳳梨罐頭等食品加工。後來父親生意失敗，那時候我讀書還沒讀完，就在家裡幫忙農事，十六歲中學畢業，去志願軍軍所報名，要去台北受訓。在那段時間，村內的少年都來報名，志願從軍。

　　我十八歲年尾時，搭船去南洋做挑夫（勞擔），我屬於管理軍餉糧草的單位，一開始是去菲律賓馬尼拉。之後，到ニューギニア（New Guinea，新幾內亞）マノクワリ島（Manokwari，曼諾瓦里），是無人島，沒人住的所在，日本打去，在那邊做基地。去那邊（常常）整三天都沒睡，幫船卸貨，

差不多要三天，也不是完全沒睡，眠一下子，也就是穿衣穿褲那樣躺一下而已。蚊蚋很多很凶猛，滿頭滿面地叮，從頭叮到腳，也沒有厝，都是睡地板。三天之後，那些貨品搬運完，船去其他的軍港，我們也去工作了，不是做兵，主要是做後勤、後援的任務。有一天去工作時，遇到司令部還是糧草管理部的日本人，那個人就是管理部主管，叫落合幸一，要我過去和他工作。糧草都要從我們這個單位經手，這裡是管理糧草的，和其他部隊不同，我就過去幫忙。他們對我很好，這段時間覺得比在台灣時還好，像在度假一樣，沒有感覺是戰爭。他很疼我，落合長我十歲，像大哥對小弟一樣，六個月後我就離開了，到現在還是很感謝他。

落合幸一住東京都荒川區武野町，家中經營落合電器株式會社，他本人是副社長，畢業於東京經濟大學，戰爭時被徵兵。我們三個人和其他人（台灣兵）分開住，有我、落合，還有另一位陸軍的軍官，我們住在田寮仔，算是駐紮所，管理糧草的所在，不和軍隊一起住。我在南洋改了日本姓名，叫江川義輝，也是那個日本人（落合）幫我用我的漢名去合的。

那邊的地形有很多小山，我們把物資放在小山上，當時沒有倉庫，都是樹林，把樹林砍掉，東西放著，中間留一條路供人通行，物資一一蓋上布放好，沒有另外建造倉庫。在那邊大概半年時間，日子很好過，我住在那裡沒有特別感覺自己在軍

隊裡，落合也很照顧我，那時都跟我去抓蝦子，那邊有一條山溪，水差不多一尺多的水，裡面全部都是蝦，非常多。我們去抓蝦來吃，落合非常會抓蝦，我們就像兄弟一樣，他長我十歲，卻也沒有日本人和台灣人的分別，蝦子抓到了就平分，沒有誰多誰少的差異，就是待我如小弟。抓來我就直接沾醬油吃。罐頭──不是配飯那種罐頭，水果罐頭，像鳳梨罐頭、橘子罐頭，他也會分給我吃。下到溪裡，十分鐘就抓到十尾蝦子。三個人裡面，煮飯都是我煮，煮簡單的，有配給一些罐頭，就打開了放進鍋裡煮。

那邊下雨下得不太長，落雨頂多落一小時，不會下一整天。樹枝很粗大，先砍下來放在路的兩旁，用帆布（篷布）蓋著，沒送到倉庫去，在那邊半年的生活，大概是這樣。本來日本的戰勢很好，之後有一天，美國的飛機飛過來了，非常大的（按：江先生從軍時十八歲，是 1943 年，推估飛機應是 B-17 或 B-24 等 1942 年後的轟炸機），有九架，飛過那些島，日本那時去打它，但打不到，飛太高了，打不到。沒多久，那邊的海空權都被美國拿回去就是了。現在海權都很亂來，我運東西去南洋時算比較好運，剛去的時候三艘船到位，我剛好下去，下船之後再回來。後來，差不多六個月後，戰勢轉壞之後，戰水船就來了，那時候的船，三艘船出去，大概只剩一艘船會到，兩艘都被炸沉了。把糧草捆好，聽司令部命令搬往比較安全的

所在，我就要和落合分開了，要分開時他給我很寶貴的、他母親所做的腹卷（はらまき，haramaki，肚圍），上面有千人針（せんにんばり，senninbari），保身用的，就是一塊白布，出去外面請人縫一針，他不自己留著，就拿給我，我就感覺這個人看我就像他的小弟一樣。他要離開時，準備（軍隊）好幾個月的糧草，要走的時候就叫卡車（トラック，truck）載去，米和一些生活的用品都拿給我，才來離開。我真的很懷念他。

　　他和管理部的人離開以後，我就回到台灣來的部隊去了，那裡面都是台灣人，那是後勤就是了。這六個月也沒什麼事情，後來工兵部隊來找人，我就想說好啊，要去我們就去啊，就帶著六個人一起去。我們都是後勤，不知道做工兵隊這個工作這麼辛苦。工兵隊去那邊差不多十幾個人，兩個軍官，我們（台灣人）六個，叫我們扛布篷（帆布），扛著很大的一個布篷走山路，走到最後就是沒路，那路是比較早開的，整條路開差不多一步那麼寬，更過去就沒路了，更過去要走什麼，爬山，有路沒路不知道。較早之前有走過一次，五十呎，樹上有做記號，五十呎做一個記號，就在找那些樹，沒路也要爬山爬上去，自己爬就算了，還要帶行李，自己的行李就衫褲穿一套，都沒辦法換，一件毯子、雨衣、搭棚的棚布（帆布）六尺（按：日軍裝備有「天幕」一項，就是帳篷的布），一個人帶著，自己的糧草，一個水壺，一個鋼壺，煮飯的，伴山而煮，都是沒人

住的所在，也沒有路。天色晚了我們要來休息，聽到有水的聲音，煮點吃的，衫褲都沒有換，完全沒換，我去一星期，一星期，我穿的新皮鞋，很堅固喔，回來之後就壞掉了，鞋底掉下來。那一星期回來之後，睡了整整三天，都沒辦法動。那時是我十九，還沒二十歲的時候。

　　那時我過去，住在台灣人的部隊，部隊那是沒幾個人，沒幾個人的，和大家都分開，從工兵部隊回來之後，被調去做鐵路，鐵路是臨時鐵路，是通往一個病院，病院要載病人，那鐵路是要到較外面，要讓醫院的人到山內（疏散）就對了，做那個鐵路，做不成啦（按：後來，該工程因空襲沒有完成），做沒多久遇到一個藥劑師，叫做土基，土基上尉，他叫我去藥材部，野戰醫院專門包藥給人吃的藥材部。當時一個班長對我很好，班長叫清水班長，他是軍佐，在那邊跟他住很久，他也很疼我，我都幫他整理（房間）裡面和外面，外面長好長的草，我都把它處理掉。樹也長得很旺盛，也都弄掉，在那邊很清幽，清水也待我很好。後來有一天，大家都沒有熱水洗澡，我就做了燒熱水的所在（灶），簡單的，用一個桶，然後找一個鼎來燒熱水，然後大家來洗，感覺很滿意，很好就是了。後來野戰醫院的一個副院長從那邊經過，看到大家在洗澡，也來一起洗，我就幫他搓（背）大力一點，他感覺很爽快，很久沒有洗到熱水。在燒熱水那邊，從孔洞吹來的風很熱，我就跳到河

裡，水很涼，很舒服。在那邊洗澡他洗得很滿意，他就叫我去他那裡，和藥材部的人討，說這個人來我這裡，做他的僮僕（台語，音近 tông-huan），僮僕就是幫忙他的工作，做他的事情，洗他的衫褲，整理（房間）裡面，像他的奴才一樣，說奴才是照應部隊裡面的下士官，那個人就是在做他的奴才。副院長是兵長，兵長下面還有一等兵、二等兵、三等兵，他是兵長，上士的那個兵長，就指揮別人工作，像工頭一樣，都是他在主持事情就對了。我在那邊做，做到日本投降。

戰爭結束後，美軍派船來接，船上都自己的人（台灣人），我搭了十四天的船回到台灣，本來到了基隆港，想說回來祖國，很歡喜。大家的軍帽上都有（日本）國旗，我落船就看到不知道哪裡派來的兵，對我們很壞，把（日本）國旗通通拆掉，我們有數量接近五百的人回來台灣，我沒有算啦。回來時，那邊的士兵把我們用槍押著，帶去海關大樓，我跟他們無冤無仇，剛剛從南洋回來，用槍押到海關大樓，搶你的東西，你所有的東西，你的東西他們要的就拿走就對了，你的行李，帶了多少東西，他喜歡的，他就拿走。我也就讓他們拿。我就帶了一條被子、一件雨衣、一個水壺，別人的東西有沒有被拿走我不知道，但他們真的完全不同，軍隊的士兵和日本人完全不同。

之後，有一個好心的人，不知道為什麼這麼好心，煮東西

給我們軍隊幾百人吃。那人是台灣人，不知道是什麼人，吃飽後，就叫車送我們回去。車是什麼車，較早時，日本時代也有那種火車的客車，他不是用客車載我們回去，是用那整台黑黑的貨車，前後兩個門而已。就這樣，其他地方都沒有門，人上去擠一擠，到整台都要擠不下了，有些人就坐在門邊，晚上，半夜時，答地一聲掉下去，不知道有沒有死掉。那之苦的，客車都不能坐，用貨車給你坐，多苦啊，回來的時候，我就感覺對國民黨的印象很不好。我到現在也是這樣對國民黨的，之前在南洋時也聽人家說支那國是一個陰險的國家，現在叫中國，以前叫支那，回來一看的確沒錯，在南洋聽人家講的很實在，沒騙人，有這個情形就是了。回來的環境不同了，變得很艱苦，比日本時代還要艱苦。

　　回來差不多（經過）四五年，那時候有夠亂，人家日本五年就復興，那時台灣四五年都還是很艱苦，都找不到工作，要工作只能去台北。在台北的時候，住在工寮，那是我初來時，當時二十四歲，四萬換一元就是那個時代，因為他們（政府）黑白印（鈔票），一直印一直印，叫你四萬換一元，就算你回來有錢也沒了嘛。我還有幾千元沒有領，那是早前我服役時的錢，那些錢也是日本人發的，當時一個月，若普通，我們在台灣領薪餉，那種拿軍刀、長刀，穿軍服的軍官一個月賺五十塊，我們去南洋，一個月賺一百一十二元，七十塊寄回去給家裡，

在南洋領四十幾塊。我們要去南洋之前，去到高雄，（軍方）發給我們一張五十元的鈔票，那時候五十塊很大，差不多是老師一個月的薪水，讓你帶五十塊出去，我感覺日本人對台灣人喔，真的是又有吃的又優待就是了。換錢之前，五十塊很大，連有錢人都很少看到一百塊就是了，做軍餉就對了，我們出去還要發五十塊，要去南洋時發五十塊。

回來時，只能做臨時工，住在工寮。大同機械公司在蓋房子，我就去蓋房子，房子蓋了賣給上海那些地方來的有錢人。那時也是很辛苦啦，那時在找工作也很困難，只能做這種工作。後來去味全的工廠工作，一天賺一角（原來幣值），新台幣十三元。所以講到國民黨實在……真正不能原諒就對了，所以現在我感覺國民黨很糟糕，投票也不會投它。國民黨的話都隨便講，它說打日本最後勝利，它明明是給日本這樣打，打到逃去中間去，這些我都知道，南京、北京、上海、廈門、廣東……全部都打下來，打到中間去，走無路了，之後世界大戰，美國丟兩顆原子彈下去，日本才投降，才從台灣離開。不是中國打日本勝利，是美國（把台灣）交給中國託管就是了，真的講這些會笑死人，都是隨便說，國民黨的話不能聽，實在是不能聽。不是說我在說國民黨的壞話，從南洋部隊回來的人都是這樣。

民國五十年的時候，經濟部那麼大，整個部裡只有一個台

灣人，那時候很多台灣讀書人找不到工作。那時大陸沒人才的樣子，糖廠的廠長是打棉被的，汕頭人，來台灣就給他接管糖廠，做糖廠廠長。他也沒有念書啦，那時（廠長）就給人看不起，都沒有人才，在汕頭打棉被的也可以做廠長，他管也是跟沒管理一樣。那日本的話，糖廠有很多間，都管理得很好，一個溪州，另一個（彰化），都沒有了，國民黨來，糖廠就被收管、被接收了，很多都關掉了。

　　以前糖廠做得之好的，林務所也是，砍樹砍柴都把柴直直剉（砍），剉到這樣（方正）。我回來時去阿里山，還有東勢的無名溪工作，主要是伐木，就一直一直剉，整片（森林）都剉，剉到整片山都光禿禿的。之前日本時代有規定哪叢可以剉，哪叢不行，砍了樹還會再種，山都是綠油油的。之後，他們（國民黨）來了，一直剉，沒日沒夜的剉，無站無節，沒有節制，你去看，就會發現整座山都被砍得光光的，變成後來土石流的遠因，沒有在做水土保持，雨來就變成土石流。所以，大陸真是……樹都被剉沒了，他們都說是日本時代、日本人砍光光的，日本時代剉了這叢，要種新的樹，才能夠剉那叢，間隔的。他們（國民黨）是整片這樣剉，我看就是很嚴重的事情，樹剉光了，雨來落土，就從土石流變成大水災了。更早之前不是這樣，有樹的時候，雨來了樹都會接，接了再慢慢放水出來，土不會擋水，就和雨水一起下來了。這都是國民黨造成

的，國民黨來台灣，唯一的建設就是之前蔣經國做的十大建設和三七五減租，其他都沒有用，現在馬英九這些都是在糟蹋台灣。所以我不信任大陸人、中國人，也不和他們來往，我到現在只有認識兩個人，一個是老王，是以前工廠裡的廚師，另一個是老人大學的同學，他長我兩歲，現在在屏東滿洲。國民黨我都不相信，我到現在也是這樣。日本人實在對我很好。

　　落合過世是後來司令部的人告訴我，落合的船出去被炸沉了，我也不知道他是不是活著，就當作他死了。要和他聯絡也無法，一些東西也不能帶回來，像はらまき，他也有給我相片，但在軍務所被沒收了。東西都留在南洋，不能帶回來。如果把那些東西留下來，帶回台灣，就可以去找他的家人了……我後來沒有再看到那個日本人了。我在那邊，藥材部那邊，班長和上尉都很疼我，後來做副院長的僮僕，副院長也對我很好，我很幸運，去跟到好的單位，都是運氣啦。

　　也有吃人肉的，回台灣的船上，聽一個豐原人講的。他說他們豐原有一個隊長，隊長也有吃，整個人放在鼎裡，腳放在外頭，吃人肉的人臉色都很難看，放在桶子裡，不敢跟別人說這是什麼肉。我在南洋時，有一陣子都吃香蕉頭，燙一燙之後，放一點米，一起煮來吃。那時沒東西吃時，人都很乏力，沒那麼勇健，若是台灣人死在這裡，都是破病，マラリア（Mararia，瘧疾）什麼的，病得比較厲害的，都沒有藥可以吃。當時，我

回來時，我知道我那個所在，五、六、七個人，就一個人回來，我們這村死五個，九個人大家都志願的，回來剩四個，死五個。不公平，對日本不公平，日本打仗的時候都是年輕人出去，沒說是為國家、國族出去，就是日本人對我們也沒那麼壞，就是賺錢的頭路而已。去那邊一個月一個人一百零八元，我是班長，有加四塊錢，是一百一十二元。

　　我的はらまき那時不能帶回來，在新幾內亞，日本人檢查時，就被收走了，你的東西什麼都不能帶，被人家丟掉了，我就沒堅持，也許堅持他就讓我帶了，還有相片那些的，什麼都沒有，那這麼重要……我怕死啊，日本的軍紀很嚴格，日本人叫我改名，我就改掉了。當兵的薪水有七十塊寄回家裡，自己領四十二塊，在南洋花不到錢，當兵也是吃頭路啊。

　　我在南洋有看到土人，雖然那邊是無人島，但還是有土人，土地是日本的二十倍大，但只有住二十萬人而已，在路上走都不會看到人。我們沒辦法和土人溝通，不會說他們的話，也沒有什麼衝突，他們很害怕日本人，你從那邊經過，他們看到就趕快躲起來了，他們雨來也沒有笠仔啥的，只有拿一片姑婆芋的葉子，沒穿衫褲，只有下面穿一件，腰間插一支刀子。女人就圍一塊布，男人就是合一塊褌一塊那樣，我們是沒有機會看到他們的生活，他們就全身黑漆漆，黑人，沒聽說過他們有吃人的事情。

　　我隔壁村的人，在南洋的時候生病，那時連工作都不能做，入院了，我在藥材部那邊遇到他，他就是病人就對了，我拿藥給他吃，那個時候藥品短缺，我沒跟我們主管講，就偷偷一次拿一罐的藥給他，一罐可以吃很久，我後來調到副院長那邊，就沒和他聯絡，他就死了。

　　在船上認識的豐原人，因為要去喝茶，被人用刀子插頭，頭破一個洞，沒死，就是那個說吃人肉事情的人，可能別人要把他殺來吃吧。他頭被敲破一個洞之後，就一直跑一直跑。他們部隊要去比較安全的所在，他走散了，我們是第三中隊，他們是第二中隊，被人帶去其他地方，我知道的只有隊長活著回來，五中隊的隊長，他很渴啊，要去偷喝水，被人家用刀砍，找到一個空隙就趕快逃走了，一直跑一直跑，才離開。我也不知道是不是台灣人，他沒死，後來不知道被美軍帶走還是怎樣，沒有回來。

　　部隊裡面，同鄉的（人死掉）都一起燒，所以骨灰都是放在一起的，我的同鄉和我同樣都是班長，去那邊就分開了，他被美軍抓走，送回台灣，那時我才要回來，我隨便在那缸裡拿了一點骨灰回來給他的家人，我回到家鄉之後，就把骨灰拿去公所，讓公所的人拿去他家，沒想到過了幾天，他聽說我回來了，就來找我。我以為他不在了，把骨灰拿回來做紀念，結果他沒死。部隊是撿海邊的珊瑚沙，就像骨頭一樣（和骨灰混在

一起），我是去拿那個來，從那個現場帶回來。

　　終戰的消息是醫院統一發布的，之後，副院長就調回部隊去。我一個姪兒被人害死，被日本士兵打死，那之後我就去報復，我夢到他對我說要幫他報復，我就去打那個人，打兩次，沒打死他，讓他在醫院住很多天，後來醫院撤到山內，他也不敢出來。我的姪兒沒讀書，事情比較不上手，日本人就一直打他，他在一個農場工作，那邊有十個台灣人，十個日本人，那個班長很苛刻，二十人的糧草，只有拿十分之一給台灣人吃，剩下的都留著給自己人，他吃不飽，幾個人去偷挖番薯，被打得半死，沒有打死，但也是被打成那樣，很艱苦，被送到病院，好幾天才斷氣。在病院講好了，幫姪子報仇，病院附近的人很少，不太容易被發現，我看見那個准尉就趁機打他，沒讓他怎樣啦，住院三四天，再把他送去山內的病院。送去病院再叫他出來打一次，那次打回去，差不多半死，隨便打，沒顧忌的，穿厚的皮鞋踢。

　　我回來台灣以後，並沒有因為做為日本兵而被人為難。我去南京西路有一個布商，那個布商是廈門人，我做了一年工作就沒再做了，後來又到味新，在味新三四年（按：1965 年，味全味精競爭對手味新公司倒閉），後來到彰化做生意，做到賠到沒半分。

　　我父親生了八個小孩，六女二男，老大九十六歲過世，二

姊因為跌倒，八十六歲就過世了，其他人目前都超過九十歲，還活著。老四現在是九十四歲，已經過世了。老三現在九十八歲了，在台中。第五的九十六歲，現在還在。第六的是小妹，現在八十八歲，家族都很長壽。

我的哥哥去修理飛機，是駕駛飛機的教官。他十七歲就結了婚，去日本受訓，有十七個人去日本受訓，返台時，船被盟軍炸沉，只有兩個人活下來。國民黨找他去修飛機，要給他軍職，他拒絕了。回來台灣之後在種田。他不會英語，也不會國語，只會日文。

我念的學校是田尾鄉海豐崙公學校，北斗高等科（補習科），中學校補習的。去南洋之前的檢查很嚴格，去到高雄時，要把身上的衫褲都換掉，換成軍褲軍服，那些衣服都是舊的，褲子都是破的，要先補過，去到那邊就湊合湊合。我坐船去馬尼拉時，是 1918 年的年尾，剛好碰到過年，六艘船都在做麻糬，兩艘是保護運輸船的驅逐艦，一艘船大概載一千多人，這樣就載了六千多人。在馬尼拉操練了大概一個月，一開始美軍去河內時沒請書記（翻譯），日本人請台灣的高砂族從馬尼拉後面的後山攻擊，打過去時，美軍就逃走了，美軍都是靠武器比較多，靠人的沒有辦法。台灣的高砂義勇隊爬山很厲害，那個山很陡峭，他們爬過去，馬尼拉的美軍就逃走了。從カインタ（Cainta）打過去，他們就逃走了，不然馬尼拉要打進去很

難打。馬尼拉要入港的時候，美軍還有許多島，要佔領沒去打，直接從後山打過去，美軍才跑了。

在馬尼拉那陣子比較不習慣，出征前配發的五十塊都是在那邊花掉的，在馬尼拉吃的用的都比台灣貴十倍，在台灣叫「アキムラ」（按：漢字可能寫作「秋村」）的菸，一包一塊錢，都加了幾十倍就是了，不知道為什麼物價這麼高。你那時候要買東西，要用日軍的軍票去換，一換下去就差了十倍，但你不換軍票又不能買東西，我買一條被子就要十幾塊，拿五十塊（在馬尼拉）買，只剩下三四元。在軍隊的餐廳吃飯要五角，大家出去外面休息的時候，在外面餐廳吃飯，就要五塊錢，大概都差了十倍。

我吃香蕉頭的時候，那時候台灣配給的米糧是一天六包，我在那邊吃，一天的米就是三十瓦，大約一湯匙，混著香蕉頭一起煮，早上煮兩頓，兩頓做一頓吃，一天就吃這些，晚上就沒東西吃。身體健康的人還不要緊，要是不健康就很容易生病，香蕉頭裡面只有纖維，沒有什麼營養。後來在農場裡有種玉米，中間都被蛀掉了，配上一點點的米，大概一碗飯七八分滿，混在一起煮，就這樣吃。那些米放太久也是都蛀掉了，本來要拿去南洋給馬吃，但馬也會死啊，沒東西吃餓死了，玉米都被蛀到空空的了，也是這樣吃。沒辦法啦，那時候要是生病就糟糕了，我是好運，那時候在藥材部工作，要是生病也有藥

吃，我之前生病得的是マラリア，我們叫「漏屎症」，會一直拉肚子，我剛剛去那邊時，水土不服，那邊地質不好，水質也很差，裡面很濁，要加一點藥劑下去，讓水澄清，才可以喝。水裡混有很多石灰質，沒投藥吃了會腹瀉。去那邊差不多六七天，才比較習慣，沒有生病。

總共去南洋四年，十八歲到二十二歲。南洋沒有電燈也沒有其他的，晚上要睡很好，在樹林裡面白天不會熱，晚上躺下來就睡著了。後來在開墾的農場種番薯，出發時日軍有給我們準備菜籽，不知道戰爭會持續多久，若戰勢較壞，無法補給時，士兵可以種菜過活，是這樣才沒有死。

那時要去（山內）但還沒去時，住在海邊，那時戰勢不好，常常被轟炸，プロペラ飛機（按：螺旋槳飛機，應是 F4F 或是 F6F 戰鬥機）會掃射，聽到飛機來要躲在這邊，飛機來的時候要乖乖躲，不然炸彈下來的時候，プロペラ飛機攜彈兩枚，炸彈炸下來的時候，就要趕快跑去另外一邊，否則炸到就死掉了。每天避來避去，那陣子之恐怖的。沒一天可以好好休息，（部隊）就趕快移動到山內。我們在山內，美軍打都打海邊，海邊都沒有住人就是了。最早都住在海邊，他們專門轟炸海邊，因為海邊都被打到不能住了，我們就移到山內了。後來來打他們都走到底下下來，有一次在山邊，被プロペラ飛機掃射，然後丟炸彈轟炸，樹很大棵，我趕快逃走，發現樹都被炸

爛，我如果沒跑到另一邊就死掉了。在海邊的時候比較習慣，比較習慣，大家都知道飛機來襲，聽到聲音可以提早準備逃走，（山內）樹會擋住人，飛機來轟炸，整片都被炸爛掉（比較難逃跑），飛機炸過之後，整片土都黑溜溜的，燒得光禿禿，真的是很恐怖。炸彈炸下來的時候，我也沒有特別感覺害怕，就想著危險，趕快逃走，注意飛機的聲音，從哪裡飛來，它都差不多是從海邊飛來，聽聲音，知道飛機在哪裡，炸彈丟下來你就要注意啊。飛機的聲音和現在差不多，也是很大聲，很快，プロペラ飛機聲音很大，那聲音都聽得到啦。

在那不知道之前還是之後，大家在寮（宿舍）睡覺時，看到外面的樹，有螢火蟲停在上面，整叢整叢的螢火蟲，整叢樹有多大，螢火蟲就有多少，晚上很亮，美軍看到螢火蟲以為有人住，就來轟炸。山頂的山洞裡有蝙蝠，很大隻，一隻有五六尺長，那時移到山內時，常常可以看見很大的蝙蝠吊在樹上，蝙蝠不會傷人，吃果子、蟲和蚊子，晚上出來啪啪啪地飛，我們吃飽，牠們就出來。還有山豬。我們沒有去抓那邊的動物來吃，戰爭結束以後，台灣人才有去溪邊抓蝦子，水很清，溪裡有很多蝦子，也有鰻魚，有很多種魚，抓到就吃，蝦子呀，肉柑仔之類的魚，撈一撈就有了。

戰爭結束後，我們又在海邊等了大概半年才回到台灣，坐船坐了十四天，從新幾內亞坐了十四天的船。

魏秋金醫師訪談錄

時間：2015 年 9 月 10 日下午 2 點

地點：台中霧峰秋金診所，由魏秋金醫師執業。

備註：以下皆為魏醫師以台語所述，盡量貼近魏醫師的表達。

無論怎樣，你聽著，這些都是真實的事情，這艘船（阿波丸）這麼大，上面有在台灣海峽給美軍炸沉了，魚雷，四粒魚雷躲不過，就炸沉去了。（指照片）這是日治時代，當時我在讀書，在台北帝國大學熱帶醫學研究所，這些是老師，這是所長……這是我當時畢業後回去高雄，在高雄州的衛生科實習的時候，和同學一起拍的。回來台灣之後，我退伍的時候，調去做中國的軍醫，這是我，其他的是中國軍醫……我是台灣人，當台灣兵，去了南洋後返來台灣，又被召集去中國戰場。這是高雄州的人，這是我，我去找他們，這是高雄州的人，這個台南市，這是我孫女，和我一起去，這張也是……這是我同學，我們同學有一個同學會，這是在

台中拍的,這是去新社,這是召集去南洋前,執行勤務半年,
要退伍的時候拍的。這張照片是在高雄州,在這邊畢業之後,
又回去高雄州,現在的高雄縣,去那邊實習。這是在高雄州的
衛生局的衛生試驗所,在那邊實習。再來要派去豐山的マラリ
ア(Mararia,瘧疾)防疫所,派去那實習,差不多一個月。
這個人和我同船,後來船沉下去,沒再起來,他沒死,沒死他
就去西貢,去了西貢之後派去新加坡,去了之後又去爪哇泗水
(スラバヤ,Surabaya),這個和他同梯,船沉下去沒死,也
是派去スラバヤ,印尼的泗水。

　　那時候日本已經投降了,我們要回來時,印尼發生獨立戰
爭。印尼要獨立,連軍[1]不同意,所以發生戰爭,差不多三個
月都在戰爭狀態。我們就在其中,我們沒死,若是死了,既不
是印尼軍,也不是中國軍,不是日本兵,也不是台灣兵……這
張給你看,是我們去高雄的學生在那邊實習,(另一張照片)
這個人兩年前過世了,是中醫師,他有三個孩子,兩個做醫生,
在高雄的海軍病院,一個跑去基隆的海軍醫院,這我的同學,
這孫醫師,這太太,這他孫子,這是我,這我孫女,她在國外,
回來台灣玩,我就帶她去高雄走走。這是同學會啦,這沒意思。

　　這個人也跟我同船,去爪哇回來,爪哇回來台灣,不知道

1　二戰時日本人將同盟國稱為「連合国」(れんごうこく),「連軍」應
　　為「連合国軍(隊)」之簡稱。

為什麼，被中國政府抓去火燒島，做政治犯，不知道給他關幾年，不知道什麼原因，他也不知道。這是肺病療養院，當時中國軍從大陸來台灣的，那邊得肺病的人很多，在新社大南頂那邊，設一個叫做「聯勤第二肺病療養院」（按：國軍花蓮總醫院前身，成立於台中中興嶺），專門收容那些肺病的病患，在那邊治療。

這我們在台大的研究所前面（拍攝的），那時日本人要把我們調去山上的「戰爭訓練所」，不是戰爭的訓練，而是戰鬥的訓練。前面這是教授、老師，這邊是我們班的一部分人。當時，訓練所不是正式的學校，沒有制服，也沒有其他那些。像這個人，這人也和我搭同船，去到西貢，船沉下去，他有浮起來，但腳折斷一隻，住在台中，已經過世，差不多過世十年了，這邊的是他太太。這是大員人，這是他太太。這個人，船沉下去，他看船要沉了，就從船上一個洞一個洞的窗爬出來，他小弟也是坐在裡面，爬不出來，船沉了，就死掉了。死掉的人，大多死在越南西貢。

這是我的意見，你參考就好，我建議盡量不要把這編成戲，編成戲，虛虛實實，這是事實的事情，編成戲比較沒意思。

（我回答，我知道這件事的重要性，我也知道這些都是真實的事情，戲劇是我的專業，我會盡量照著真實發生的事情寫，我希望因為故事，讓更多人知道這些事情。但我想我的台

語可能沒有好到足以讓對方理解。）

　　但這些都是真的事情，像我回來台灣後，做這些勤務，在台中市衛生科做勤務，又把我調去做中國的軍醫，這是我退伍，大家給我歡送。後面有布條，給我寫真。

　　這樣有英俊嗎？大家都找舊的學生服出來穿，戴舊的學生帽，去照相，拍了之後要去南洋，戰爭之前照一張相，這是駐在高雄州的學生，這樣的學生全國各地都有。這張就是畢業的時候照的，全台灣都有，基隆也有，台北市也有，新竹也有，苗栗也有，台中州也有，彰化縣也有，雲林縣也有，台南縣、高雄縣……這邊都有啦，這些人都應試去熱帶醫學研究所，去那邊研究，去那邊讀書，那邊出來的學生不是內科也不是外科，都是防疫科，都是傳染病、寄生蟲，都是基礎醫療，那是很要緊的，比方說マラリア的事情，登革熱的事情，沒有也不行啊，看醫生很不容易，當時マラリア很多，也沒有在看マラリア的醫生，這間熱帶醫學研究所是特別的。這間就是熱帶醫學研究所，我們畢業以後，我們都回來看，這間被連軍炸到碎碎碎，都只剩下沙，他們都是徵召這邊的學生送去南洋，這邊所有學生都是台灣全島來的，這間被連軍炸，這間就是現在台北外交部那間房子，現在都重新建造過了，當時這間四樓還是三樓，很大間，很堂皇。裡面的人員有幾百個，我們是去那邊念書，所以也不清楚。這個叫做本所，士林那邊有一座「熱帶

醫學研究所士林支所」，現在還存在，掛一個牌子叫「歸還」，那是（國民政府）軍方把它接收去了，那是台灣大學的財產，蓋在（日本）軍方的土地上，最後給（國民政府）軍方接收去了。現在掛一個「歸還」，軍方給人家接收走，所以掛一個這樣的牌子，表示這是給軍方接收的。有很多軍方的土地給日本人建設，建設好了，軍方就把人家接收走了，但那是軍方的土地，沒辦法和它討啊。我在（照片）這邊，後面就是外交部那間房子，現在重建過了。這張是在新社那邊，肺病療養院，收容肺病病患，TB（Tuberculosis，簡稱TB）。

講到這邊，要和你講清楚，需要很多時間，你就短短的坐在這裡一兩個小時，要和你說明有時也說不清楚。我被人調去南洋，我坐船，那艘船到了海南島，我生病，就在那裡下船，到三亞醫院去治療。得的是痢疾，一直拉肚子，就入院治療，病院裡面可以洗澡，也有許多設備，衛生環境比船上好多了，入院一星期到十日就都恢復了。病院的醫生問我有沒有好一點，我說有比較好，但還沒有完全好，一天還是拉好幾回肚子，醫生就說不然你再多住院幾天，其他病癒的人就出院了，留下我們七八個人繼續醫療，那些病好的人就出去了，出去之後，那艘船向南洋駛去。開船之後，不知道多久以後，記得是很久了，船沉了我也不知道，船去到西貢，遇到連軍的艦隊來砲擊，單就那天被連軍炸沉的船就有四十架，船的裡面——我原來坐

的那艘船裡面都千來個人，四十架的人，有多少也講不清楚。

　　之後，我在海南島，身體已經轉好了，恢復了，有三艘軍船、戰艦、載油的船入港，病院的人要我們去坐那艘船，我們八個人就去了，向南洋再駛去。去到新加坡，差不多九天八夜，都沒有遇到什麼，沒有遇到連軍的飛機又來砲擊，都沒有，我們就在新加坡下船。下船之後就問，我們原來坐的那艘船有來嗎？沒有，沒來，想來應該是還沒有到，可能有什麼事故，我們就在新加坡那邊等。在等的同時，等了大概兩三個星期，紀元日，日本的開國紀念日，連軍派了十多架的 B-29 從中國大陸飛來，飛很高，日本海軍的戰鬥機ゼロ戰（零戰），ゼロ戰飛出去應戰，美軍飛機飛的高度差不多一萬二三千公尺，飛很高，ゼロ戰只能飛到六千、八千公尺左右，美軍飛得很高，在ゼロ戰上面，ゼロ戰要怎麼應戰？沒辦法應戰嘛，只能在底下飛而已。連軍的飛機從雲南那邊飛來，連軍的飛機都停放在那邊，那飛來了，就飛到外海，又旋回去了，飛到哪裡去，我也不知道。之後日本的戰艦，不要說戰船了，連輸送船，那些船要是沒被擊沉的，都一直載送物資到新加坡，（物資）都搭火車，從馬來西亞半島到緬甸（ビルマ，Biruma）去。最近我看一本書，到緬甸和連軍作戰的日本軍，差不多死了十九萬人，十九萬，不是幾千喔，是為什麼死這麼多？因為沒有武器，有也都是小型的，比方說連軍的迫擊砲，連軍的砲較長也較大，

日軍的短又細，子彈也比較小顆。連軍的砲威力較大，可以打過山頭去，日本軍的多是日俄戰爭留下的舊型武器，又沒辦法打，沒子彈（補給），子彈打完就沒有了。

　　我們在新加坡等，等我原本那艘船過來，我那艘船叫作「神靖丸（しんせいまる，sinseimaru）」，記得這個名字，這是很要緊的事情，我們坐的那艘船去到西貢，給連軍炸沉了，船上幾千個人，死亡率大概 75%，很多人都死在這裡。

　　我在新加坡等那艘船，看它會不會再來，當然是沒有來，新加坡的文書官就和我說，可能你那艘船沒有經過新加坡，從柬埔寨駛往爪哇那邊去了。要去爪哇，還要坐十日的船，經過爪哇海，那也很寬。我就坐了其他船，那艘船叫……啊，經過七十年，我現在已經九十二歲了，記憶力不好，叫做……算了，我在新加坡等，那艘船到新加坡那兒，運的都是軍火、砲彈那些，那些砲彈都是連軍放在新加坡彈藥庫的，日本軍就要把它都載上船，運去外面一點的パパン，載去婆羅洲的バリクパパン（Balikpapan，巴厘巴板，位於印尼加里曼丹島東岸）。要駛去爪哇，要去バリクパパン之前，我在新加坡的セレター軍港（Seletar，實里達）等船，我們可以自由走來走去。有一天，有一艘船入港，那艘船叫作阿波丸（あはまる，ahamaru），新加坡這個セレター軍港很寬，忽然間，這艘船入港，一艘小船划啊划過去，接了幾個人下來，大概有四五個，裡面一個人

說他們從ジャカルタ（Jakarta，雅加達）坐這艘船來，ジャカ
ルタ就是現在印尼的首都，來到這裡，從這艘船下來，臨時停
靠，很快就要出港，他是下來到港口打電話給朋友家人聯絡事
情的，沒多久就沒看到那艘船了，出港去了。那個下來打電話
的是日本石油公司的技術員，他遇到我，我住台灣，他也住台
灣，就短暫地聊了一會，他說他們在南洋這邊已經發明了生化
石油，人工的石油，他們這一組人要回去日本，製作人工的石
油。人工石油怎麼做，就用植物下去發酵，發酵之後要怎麼做，
那是技術的問題了，就是像做酒精那樣做，可以做航空燃料，
給軍機做燃料用。講話沒講多久，他就走了，我也走了。那艘
船就又出海了，那艘船可能在爪哇那邊載了很多東西，載藥，
キニン（キニーネ，Quinine，奎寧），又叫金仔粉，是マラ
リア的藥。當時台灣、韓國、日本マラリア很多，都沒有藥可
以吃，這個藥叫做キニン（kinin），又叫キナ（kina）丸、キ
ナ粉。在台灣得到マラリア，去看醫生，得到一大包藥，也是
從爪哇來的，在那邊製造。製造好了，拿去台灣，拿去大陸，
拿去沖繩（おきなわ，Okinawa）之類的地方。但那藥做的速
度趕不及用的速度，不是船沉掉，不然就是發生什麼事故，這
艘船，這本書（松井覺進著，《阿波丸はなぜ沈んだか──昭
和二十年春、台湾海峡の悲劇》，日本：朝日新聞，1994）裡
面有寫，載差不多五百噸的キナ粉在裡面，很多。你要看這本

書，我都有讀過，這艘船載了什麼東西都記載在裡面，像是有多少キナ粉、貴金屬、鑽石，還是什麼東西，日本兵在南洋搶來的東西，也是要拿回去日本，做「戰略物資」用的，也就是戰爭用的物資。為了要把東西拿回去，都裝到這艘船上，這艘船當時從新加坡出來，經過爪哇海，去西貢，過台灣海峽，要回去日本。

來到大陸和台灣的中間，晚上兩點還三點的時候，連軍的Uボート（ウンターボート，U型潛艇）就把它炸沉了，裡面兩千零三個人——船底還有個小嬰兒，有人生了個小嬰兒，也算進去——兩千零四個人，給連軍炸沉去，只有一個人被救起來，抓去連軍的Uボート上，到那裡面，其他人都死了，同日死在那裡。那個好運的，給連軍救起來的人，是船上的廚師，是做法國料理的廚師，船長聽到他會做法國料理，很高興，叫廚師來船上做法國料理給他吃。只有救一個人而已，其他都死了。兩千零三人死去，包括那個船底生的小嬰兒，日本人也有在說，坐車或坐船時出生的小孩子特別好運，結果那個小嬰兒是沒好運，生無幾日就死去了。這本書就是在說阿波丸是為什麼沉落去，昭和二十年春天——過年之後，台灣海峽發生的悲劇，是在晚上三點之後，連軍不知道幾艘的戰船，打了四粒的魚雷，魚雷爆炸，整艘船就都完蛋了。這艘阿波丸本來是要回去日本，在日本海，要去接

阿波丸上面的人的家屬就在港口那邊等，等到那時間到了，船還沒來，想說船可能延誤了，過幾日才知道，那艘船在台灣海峽給人打沉了。在那邊等的人都很絕望，本來那艘船上的人都是對戰爭很有需要、很重要的人物，要回去日本做石油還是做什麼，那些人都死了，要做什麼都沒辦法了。這裡面都有船行經的路線，要從哪裡駛去哪裡，經過台灣以後怎麼開，那些路線都訂定得很好，被打沉了之後，當然就沒辦法繼續下去了。

　　まほどが（mahodoga）這艘船是日本打仗時，抓到的連軍俘虜。在韓國、滿洲、台灣、西貢、馬來西亞、新加坡，很多俘虜給日本抓到，那邊的人都沒有東西吃，配給得很少，連軍都餓到皮包骨，這本書裡面有寫，這個就是那個會做料理救命的人，這就是被 U ボート魚雷打到、沉到海底的船。這艘船裡面可以坐幾百個人，這張（照片）就是坐在船底的人。這是連軍，大家都沒東西吃，瘦巴巴的。沒東西吃，也沒有飲料，也沒有可樂啊，什麼都沒有，有的只有日本那種豆子湯、蘿蔔、みそしる（misosiru，味噌湯），還有米，煮飯給他們。當時我們台中黑溪、烏溪，這條路一直過去的烏溪，有幾百名連軍（戰俘）派在那邊，派去那邊挖溪道，挖得寬一點，大水來比較不容易傷到堤防，大水要來，要下雨的時候，要帶他們去萬豐過去那邊，那邊會滲水。那個時候我也在那邊，那時我還沒

去南洋，我親眼看到的，看到要下雨了，他們被帶去那兒。

　　（看書中地圖）這艘船在這邊沉沒，海南島在這邊，西貢在這邊，現在叫胡志明市，這是馬來半島，這是スマトラ（Sumatera，蘇門答臘），新加坡在這，這爪哇，這ボルネオ（Borneo，婆羅洲），這菲律賓，這是セレベス島（此為舊稱，現稱スラウェシ島，Sulawesi，印尼蘇拉威西島）。這艘船就是利用西伯利亞鐵路，去那邊載要給俘虜吃的東西，要去救濟俘虜，東西就從ナホトカ港（俄羅斯納霍德卡港）搬來這艘船。這艘船過日本海，到日本卸貨，卸貨之後再搬上船，帶著這些貨去上海、高雄、香港，再去西貢、新加坡，最後去ジャカルタ。ジャカルタ很多人在等候，要坐這艘船回日本，差不多有兩千多人，但這艘船沒辦法到目的地，沉沒了。真可憐，戰爭，真可憐。

　　這艘船（阿波丸）的物資被裝得很滿，直到裝不下了才啟程，裝太多東西在裡面。（指照片）這艘船剛剛有看過了，這是航路，這是俘虜，沒東西吃，餓得皮包骨。真可憐喔。這本書是寫阿波丸的事情，我再回來說我的事情，我去新加坡，都等不到船，要等到神靖丸來，但神靖丸就是沒有來，神靖丸是為什麼沒有來？在西貢，同一日，連軍的防空部隊炸了四十艘日本的船艦，貨物船和軍艦都包含在內，四十艘沉沒，裡面也有法國的軍艦，兩架。為什麼會有法國的呢？因為當時越南

是給法國管的，連軍也不知道四十艘船裡面有什麼船，都打落了，兩架法國船也沉沒了，船員也都死了。

　　我就在新加坡等，等了將近幾個月，看到 B-29 飛機從上空飛過，十一台還十二台，從上空飛過，下面是日本的ゼロ戰在應戰。射擊（投擲）不到嘛！距離差很遠，只能在那顧著，也沒有再開火。那些 B-29 飛過後就沒有再回來，警報解除。之後我們就在那邊想，B-29 飛那麼高，日本的ゼロ戰在下面要應戰，根本沒辦法跟人相殺，沒辦法與人戰爭。是為什麼？武器不夠。日本從戰爭開始，製造ゼロ戰，說真勇、真快，速度真快，但是已經經過好幾年了，都沒有再改過，沒有物資好改，是怕支那沒有新的物資出來，所以沒辦法再有新的武器出來。

　　人家美國科學發達，B-29 飛那麼高。飛機飛高，要有氧氣；沒有氧氣，人差不多六千公尺那附近，幾十分鐘，人還撐得住。要是更久，人自然就沒氧氣，人就會死掉。日本只能飛到六千公尺的地方，就要揹氧氣筒才能呼吸，就像我們現在用的氧氣筒呼吸；人家美國飛那麼高，他們不用揹氧氣筒，已經一架 B-29 裡面可能有一個、兩個、三個、四個……那個叫作氣密室（気密室，キミッシツ，kimitusitu），氣密室就是用鐵做的，裡面氧氣筒不用揹，放著，自然氧氣自己會跑出來，在那要操作，要打機關槍，都自由，不用再揹什麼氧氣筒，都不

用。那個叫做氣密室。一隻 B-29 可能有四個氣密室。氣密室就是用鐵做的，在那活動都自由自在。頭部就操縱的飛機。上面（的氧氣）從天上（的氣密室）來，下面（的氧氣）就是從下面（的氣密室）來的，尾部的氣密室就從尾部來。最起碼有四個氣密室。日本都沒有，這就戰爭會輸（的原因）啊！日本說靠他們的日本精神，根本沒有氧氣就不會活啊！

　　日本要派艦隊，派日本的艦隊去攻擊印度洋，從新加坡到印度洋，去攻擊別人。裡面一個飛機師說，他飛到八千公尺，自己揹氧氣筒，氧氣筒接管，接的地方鬆脫，鬆脫就沒氧氣了啊，人就自己失神了，沒有氧氣人就會失神了嘛！就這樣一直墜下去。一直墜下去的時候看到溪底的石頭，發現危險了，再趕緊把飛機拉上去。好險我驚醒，如果沒驚醒的話就撞到地面，粉身碎骨（碎糊糊）了！

　　日本去攻擊印度洋，去到セイロン島（Ceylon，錫蘭，現稱斯里蘭卡），哪裡都去跟人家攻擊，攻擊也沒效。艦隊去，消磨是有的。一個艦隊，幾十隻的戰船，看燃料要消磨多少。那也沒成功，沒成功回來，就回去新加坡那邊。我在新加坡，新加坡那裡等不到船。那個海軍的主腦……不要說主腦啦！在給人指導的啦，說，說不定你們的船沒有從新加坡來，跑去爪哇，往ジャカルタ還是スラバヤ那邊去。你們去那邊看一下，看有沒有往那邊去。我想也可以呀，我們就坐別艘船，那是載

子彈（銃子）的船。ゴア（果亞，或稱果阿，當時爲中立國葡萄牙的殖民地）的子彈，載貨物載整批的……我們也不知道那艘船是載貨物的船，就上去了。上去一看，子彈差不多這麼大顆、這麼長，塞滿整艘船，那艘船叫做萬洋丸（まよまる，mayomaru）……萬洋丸，你給它寫下去，一萬二萬，海洋的洋，海洋丸（按：應爲口誤）。差不多七八千噸的船，很大隻。我就坐上船，坐上去，船就開走了。那艘船不知道是不是日本的，說不定是跟韓國人佔來的？不知道啦！也不要緊，人家叫我們坐我們就坐上去。去到ジャカルタ，坐差不多八夜九日。從新加坡過去，去到ジャカルタ八夜九日嘛！那中間都沒有遇到什麼，因爲那中間是日本的海洋管轄（範圍），他們武力管得到的地方。所以外國的戰艦、飛機沒辦法飛到那裡。我坐的那艘船叫萬洋丸，我現在想到了。

　　去到ジャカルタ都沒有遇到什麼，去到ジャカルタ我就整天……算普通的，我也不是客人啦，這算軍方的人員，坐那隻船，從新加坡來到ジャカルタ，爬上去，上岸住在兵員的糧食倉，那就有東西可以吃什麼的……之後我比較鬼頭鬼腦，想說，啊咿──這隻船不知道要去哪裡？不知道。這還不打緊，都載炮彈，這如果萬一一粒子彈、一粒高射砲……船斗有掃射過的痕跡，要是一粒子彈打中一粒炮彈，整隻船就爆炸了……我就很煩惱，煩惱說自己會死，要怎麼辦？

　　我想說，哎，我在台大讀書的那裡，一個教授，去到ジャ
カルタ的醫科大學那裡，衛生學的教授，去到那邊。我想說，
跟我還有一個朋友說：「我們去找某某教授。」對方回答：「好
啊！怎麼不好！但是他們肯給我們去？」我說我們要照實跟軍
方的人講，說了之後，看他們允許不允許。之後我們兩個就去
那個「武官府」（按：可能為海軍武官室），那都是能人在那
邊……去「武官府」，進去裡面，看好像是這個人在主辦的，
就從頭到尾都跟他講，哪裡下船啊，來到新加坡等候多久，來
到新加坡再遇到這架阿波丸，阿波丸再出去，也不知道來到台
灣旁邊就又沉下去……我也不知道。之後他跟我說，這些事情
是真的嗎？「真的啊！不然我們要到哪去？」他說好，你們
從ジャカルタ坐火車，坐到スラバヤ，從ジャカルタ的 Kota
Station（コタ駅，在雅加達市中心，爪哇島各地長距離列車皆
從此站發車）坐到スラバヤ，要差不多二十小時火車，坐一日
多，去スラバヤ，跟スラバヤ有關的海軍單位（部分），你們
去找找看有沒有這艘叫做神靖丸，去那邊找看看。

　　「那要是找不到怎麼辦？」他再跟我們交代，你們如果找
不到，還有車班你再坐回來。坐回來，你們要怎麼辦？我說，
我們還有一個老師在這裡，我們再去找他，臨時也沒關係，再
來幫忙做工作。之後我們就坐去スラバヤ……坐二十小時真久
咧！不是像台灣，台北到高雄兩小時就到，在那裡スラバヤ還

坐二十小時，喔，坐真累！之後找不到，找不到沒辦法，他跟我們說要不然你們不用去スラバヤ，你們如果找不到，馬上就要回來，要怎麼辦？他教我們，你們要找士官討車票，免費的車票……你們去跟他討車票。我們隔天的車就回去了，回去ジャカルタ，到達時已經晚了，明早趕緊去找他。找他，「回來了？沒有（找到船）？不然去找你們老師？」把我們帶去。老師在哪我們也不知道位置。ジャカルタ醫科大學很寬闊嘛，跟台大一樣嘛！分成很多很多科……他把我們載去找老師，我們老師聽到我們為了怎樣而找不到船，說：「來我這裡！」馬上跟我們應答：「來我這裡！我有研究所！好可以給你們做工作。」他的研究所在哪？在叫做萬隆啦。我寫給你。這個中國字寫成這樣……萬隆，Bandung（バンドン）……這個很出名的就是，中國政府派誰……派一個要去萬隆會議，那個誰？（轉頭問）那個去萬隆會議的中國人，中國人以外……他當時是中共的要員。對，周恩來！周恩來啦！派周恩來要去萬隆會議，周恩來知道他會被人注意，他來到香港，在香港轉機，他自己轉機，轉去新加坡，本來他是坐那架飛機坐去婆羅洲，要去萬隆。那時候在那轉機，中國政府，老蔣派一個（間諜）在香港，專門設計要害周恩來，要害死他，他沒坐那架飛機，坐別架飛機去新加坡。中國內亂實在真厲害。周恩來險些在那裡被修理去，修理沒去。（按：應是指克什米爾公主號事件）那

隻飛機，飛到婆羅洲，爆炸墜下去……現在殘骸還放在萬隆，
保留在那邊。

　　我去那邊找老師，老師跟我說：「來我這，我有工作讓你
做。」有工作要讓我做。「你坐今晚的夜車，從ジャカルタ到
那邊坐火車要五個鐘頭久。去車頭，人家會在那迎接你，你要
拿一隻紅旗子做記號。」我要從哪裡找旗子？找不到。找不到
就抵達了，到萬隆，萬隆車頭下來，等了一陣子，都沒人來，
跑到車站外面那邊，在車站旁邊，人家在叫我們的名字，好幾
個日本人在叫我們的名字，「欸！在這！在這！」這樣就找到
了，好險，找對人了，就這樣帶到宿舍裡，跟他們會面，跟他
們什麼……那個教授，隔一日還隔兩日才到達，他在ジャカル
タ執行勤務，他的研究室在萬隆。那個研究室叫做萬隆低壓研
究所。萬隆就是地方的名字。低壓就是氣壓的壓，研究所。當
時在南洋，他們日本也沒有，印度也沒有，馬來西亞也沒有，
爪哇那邊有一處而已，有這種低壓研究所。那就專門研究氣壓
的問題。去研究所那裡，把他們事務所裡的人一個一個介紹，
這個從台灣來的，介紹完就彼此相識了。

　　之後，碰到最大的問題，日本軍南洋方面，日本連軍的司
令部在西貢，所有的命令都從西貢發出來，西貢的衛生部隊，
從事研究的衛生部隊，發命令叫萬隆的低壓研究所，要先用動
物試驗，試驗之後要利用人下去試驗。利用人下去試驗，人也

照常當試驗動物，空氣稀薄，人也下去試驗，要是撐不住，人會死……像那種的，利用活人來試驗。那個教授，跟那個所長，跟ジャカルタ的醫科大學的校長，三個人都很反對這種事情，利用人來試驗，是害死人嘛！你要是把人害死，尤其是抓來的人，那一定是用俘虜嘛！英國人、荷蘭人、美國人，它那個範圍裡面……就是……印度尼西亞是荷蘭管（殖民）嘛！它就一定要利用荷蘭人嘛！你如果利用荷蘭人，你把荷蘭人害死，一個俘虜你給他害死，俘虜你給他害死，你自己就要一命賠一命嘛！教授很生氣，這是大事情，絕對不能做，他絕對反對，違抗命令也不能做！這違抗命令嘛！西貢那裡的總司令，命令低壓研究所要利用人下去試驗，要是試驗害死人要怎麼辦？這是大問題。我去之後，沒幾日而已，發生這問題。我老師說，這絕對不能做，跟我說絕對不能做，不能做要怎麼辦？

　　假生病。叫病院的醫師給他驗血，來給他什麼……他是得到什麼症頭，怎樣……檢查結果出來，要花兩三個禮拜，兩三個禮拜之後，日本降伏，就這樣不用做了。要不然如果實現，實現下去，你要抓荷蘭人還是要抓英國人還是要抓美國人……那個地方要抓荷蘭人嘛！抓荷蘭人來下去低壓試驗，空氣稀薄到多少，一千公尺、四千公尺、五千、六千……六千公尺人就撐不住了，七千八千人就死了。利用那種事情……還好給他等到日本降伏，這件事真危險。

如果眞正實驗下去，我不會在這（要接受審判），我聽教授命令，幫他忙，要實現嘛，幾公尺、幾公尺……我曾經揹那個氧氣筒，到一萬一千公尺……好險人沒有死啦，一千公尺還活著。一千再降低下來……實驗室是一個鐵做的機器，弄馬達在抽風，裡面安一個高度計，幾萬、幾萬都知道，抽（空氣）到哪裡，裡面在操控，現在爬升喔，八千公尺，stop，抓檢體、抽血，量他的血球，量他的色素、血色素，量他的白血球，做那些檢查。到一萬一千（公尺）以後就不敢做了，危險了，曾經用動物來試驗，有氧氣筒，到一萬五千以後，動物也已經撐不住了，啪一下子就死了。

叫做低壓研究所。現在台大那邊也有在用氧氣在治療，治療糖尿病，腳在爛。那種的給他弄……剛我們說的是叫做低壓，這是高壓。高壓，就是氧氣弄高，讓細胞有氧氣，比較好吸收，看會不會比較快好，不然腳不會好。我們台大也有那些。

我們那時候，只有南洋的那邊有低壓研究所。幸好昭和（天皇）的命令，八月十五，原子彈投下，之後，順便命令頒布：戰爭要結束了。之後……我還好還活著，那時候，只是孩子而已，二十三四五歲，研究所出來。實在不是要被派去那邊，沒想到卻被人派去那邊，但是實在是沒地方可走，才去那兒。那個給我分配工作的老師，是海軍高官，那中午帶我們兩個，去一間餐廳，很大間，印度尼西亞的人，印度尼西亞那邊的要

員都在那邊吃飯。老師就跟我們說，他叔叔算日本……當時，我們這邊那個叫什麼？他叔叔在當日本法律最高級的……那個叫什麼？大法官。那個叔叔，他的兄弟，兩個兄妹戀愛，哥哥愛上妹妹，這樣大法官應該要怎麼判決？哥哥可以愛妹妹嗎？可以實際通姦，結婚生子嗎？他拿去給大法官解釋，大法官給他解釋，釋憲說，好的事情也是會再產生好事情，日本的方式是近親結婚，代代這樣近親結婚，也很罕見發生什麼事，所以說，判決可以。那時候是很大的解決，之後也很少人說些什麼判決的事情。這就是我去低壓試驗所之後的事情。（老師）順便說出他叔叔的事情，講給我們聽。我們兩個也靜靜地聽，也不能跟他說什麼。

　　日本投降以後，我就在萬隆，日本投降之後經過一兩個禮拜，中間處理這些事情。後來才知道，我們當初要被派去的地方是在哪裡，之後才知道，要被派去婆羅洲，（本來）要坐前面那艘船，沉掉的那艘船（萬洋丸）。那時候有四個台灣人坐在裡面，我在スラバヤ找不到他們四個，ジャカルタ也沒有他們四個，他們四個人就是死在……那個海叫做？（可能是爪哇海）這本書我拜託美國的朋友買的。很寶貴。

　　（看地圖）這是オーストラリア（Australia，澳洲）、ニューギニア（New Guinea，新幾內亞），爪哇在這，這セレベス，這婆羅洲，バリクパパン在這，バリクパパン是一個油田，

這邊是叫做什麼……我的眼睛真不好。新加坡在這……新加坡，這是馬來半島，ジャカルタ在這裡，萬隆在這，スラバヤ，泗水在這，我們台灣人很多喜歡來這遊玩，這個叫做什麼？バリ，峇里島。峇里島我也去過兩三遍。爪哇島，世界人口密度這裡最高。人口密度最高就是爪哇島。在這農產物很多，米出產很多，我在那邊勤務時，勤務時間外，我常去印尼人家遊玩，去他們家吃他們的午餐。他們也有很多人讓這個研究所聘請在那工作，也是給他們吃飯，研究マラリア的事情，マラリア的原蟲，怎麼檢查……都在那裡做。這スマトラ，這個島也很大，スマトラ的蚊子……スマトラ這個島到這個島，爪哇島的中間也有海，海底曾經發生過海底火山爆炸，海底的火山爆發，發生很大的爆炸，結果海底就噴一個新的海山起來。

　　我就在萬隆。萬隆這邊不就降伏（投降）了？我的部隊那時候已經明瞭了。我的部隊是從新加坡派去萬隆的，從新加坡派人員去萬隆。我們那個所長，他算一個醫生，但他也在開飛機，航空醫師，被人知道他對航空的事情很了解，才被派去萬隆低壓研究所。在這知道降伏了，趕快離開，他帶來的人員，就有飛機可以坐，就趕緊坐日本的飛機回去新加坡。我沒辦法，我沒辦法回去新加坡，新加坡跟我無緣。我是來萬隆做工作。我的部隊所屬是在スラバヤ，到後來我就坐火車回去スラバヤ。去スラバヤ把我派去スラバヤ熱帶醫學研究所。スラバ

ヤ熱帶醫學研究所，所有東南亞這邊，所有做的，外診、疫苗、出診、預防接種的疫苗都在スラバヤ。我派去那邊，那時日本已經投降了，我就不用做工作了，在那邊吃飯而已。

　　之後，預備要回來台灣，快要回來那當時，發生印尼的獨立戰爭。荷蘭派船來スラバヤ要上陸，印尼不讓它上陸，結果發生戰爭。ジャカルタ算比較大都會，印尼不給ジャカルタ，ジャカルタ的荷蘭人比較多，印尼要跟荷蘭戰爭沒辦法，荷蘭人比較多，士兵比較多，印尼就跑去ジョグジャカルタ（Jogjakarta，印尼日惹，在 1945-1949 年的獨立戰爭中，曾做為印度尼西亞首都，也稱ジョグジャ）。跑來這個ジョグジャ，設都在這裡……ジョグジャ從前就有佛教、印度教……到後來，荷蘭從他們本國，派幾千多個傘兵，落那個傘……用パラシュート（parachute，降落傘）。傘兵被派來爪哇，派來ジャカルタ。有一天起飛，對著ジョグジャカルタ來，從那邊跳下來。印尼他們也知道，他們派來山區，一定會來這，因為這裡比較有平原，ジャカルタ這邊比較沒有平原。這些落傘的士兵來ジョグジャ，一齊跳下去。印尼的兵就一齊去圍，圍荷蘭兵，圍大概一兩個禮拜。

　　沒飼料啊，沒水啊，沒什麼，沒辦法啊！從那時候開始，印尼和荷蘭，在ジャカルタ那邊談判，看你這些兵要讓他死，還是要投降。到最後，荷蘭這些兵，那些兵都是少年兵，都在

荷蘭訓練的，訓練一千多個少年兵，帶去那裡，要給他死也不可以，要不然要怎麼辦？也沒有吃的，也沒有水也沒什麼，水摻水也不能吃，到最後就講和，開始談判講和，講和之後，說所有的權力、戰爭，跟日本的戰爭賠款（相殺錢）、油田，バリクパパン、パレンバン（Palembang，巨港，位於蘇門答臘島），那邊很多的油產都荷蘭的嘛！要怎麼講和？這些權力都讓你們管，印尼要保護（荷蘭人），講和之後，允許印尼給他們獨立，荷蘭的兵讓他們退回來荷蘭，讓荷蘭人要待著的就給他們待著，要回去的要給他們回去。之後印尼才正式獨立，要不然印尼又不是荷蘭的，又不是印尼的。

（看地圖）這是オーストラリア、ニューギニア……這本（《阿波丸》）你了解，我有跟你說一些，你了解一些。船去ジャカルタ載一些要救那些俘虜的物資，載去東南亞。去到這ジャカルタ，轉回去，轉去新加坡，我在新加坡，在港邊在走的時候，我遇到日本石油的職員，在那邊講話，當時才知道已經發明人工石油，人工石油已經七十幾年以前就在做了，幾年前我們這邊也開始在做。但是還不需要利用到人工石油，天然的石油還很多，還用不完嘛。

這本叫做《ハルマヘラ・メモリー》（池部良著，東京：中央公論社，1997）。這人叫做いけべ りょう（池部良），他少年的時候被調去當兵，大學畢業，被調去大陸，在服役，

去考試，考上陸軍軍官學校，軍官學校當初在保定，保定你知道嗎？大陸的保定。保定有設日本的軍官學校，不要說日本設立的，中國時代就設立了，就在那邊訓練軍官。戰時中，日本給人家佔領，日本就在那訓練軍官。在訓練軍官，老師說，你們在這邊讀書，從前傭兵在這，也是在這裡訓練軍官，是每日在這，幾萬人在這跑來跑去跑來跑去，都在訓練，你們不能說你們在訓練你們就艱苦，你不能說你艱苦。這個部隊，到後來被派去ハルマヘラ（Halmahera Island，印尼哈馬黑拉島），就是在南洋，在南洋那邊，印尼。印尼這個叫做要扛東西的部隊，每日這些兵被派去那邊扛東西。每日都要背這些布袋，裡面裝多重？差不多五十公斤，五十公斤的石頭，每日揹石頭走幾公里，當作訓練。這個圖就是……布袋一直推。沒必要讓士兵這麼辛苦，卻讓他們辛苦到這樣你看。揹石頭，每日就在這邊走。走來走去。走來走去之後。再坐船。然後行去菲律賓。走去ハルマヘラ，就是（經過）菲律賓的マカッサル（Makassar Strait，望加錫海峽）。這兒有圖翻不出來……走到那邊去。物資這麼多，好像要給我們這些人去哪裡ピクニック（picnic），揹東西去哪遊玩。有一日美國的艦隊來，日本的監視兵在樹上看，沒看到美國的艦隊來，美國艦隊遠遠相準，大砲就打來你的兵營，一瞬間你住的地方，你在吃的東西燒光光。燒光光之後，於是沒有物資，沒有米好吃，沒有什麼好吃，就派小隊隊

長用走的，也不知道走多久。走去分部，走去分部那邊，要跟分部討看看有沒有糧食。

走去分部，分部……算隊長就對了，開那個牛肉罐頭。最好吃的牛肉罐頭，叫做……我們台灣不知道叫做什麼。真好吃啦！士兵沒飯，沒什麼好吃，就開這個在吃。叫他們去外面，坐在地上，在那邊等，等東西吃完再來打算。這個圖就是……ハルマヘラ……就是地方的名字，Memory，就是記憶、印象啦。吃這個罐頭，真好吃。我曾經吃到。我在台灣執行勤務時，曾經吃到這個牛肉罐頭，用牛肉，跟筍子，跟不知道什麼一起做的牛肉罐。嗯，真香，真好吃！我一說，我老婆也說她也曾吃過，她父親還是朋友送的還什麼，大家一起吃。真好吃，最好吃的牛肉罐頭就對了。

最後，日本講和，講和之後，幾個月，連軍還沒來。肚子有這麼餓嗎？肚子有餓嗎？也是沒東西吃，到最後，連軍來。他們隊長說，池部，你不是以前讀英語的？現在若來，連軍如果來，你要去當通譯喔！

這本冊我要拿給你，ハルマヘラ島，這個ハルマヘラ島是印度尼西亞一個島的名字，這個ハルマヘラ島，好像一個台灣的，高山族的，去躲在那個島，這個ハルマヘラ島（按：應是口誤，李光輝實際上在モロタイ島——Morotai，摩洛泰島），有沒有？李清輝還是什麼？李光輝。知道沒？躲在那個島，躲

不知道幾年，被印度兵給抓起來。去躲在那個島，都不曾吸到菸。印尼的士兵去到那邊，看到他在那，把他抓起來，把那個不知道叫做李登輝還叫做什麼，李光輝，把他抓起來。菸就給他吸，一直給他菸。餵菸餵到他回來沒多久，結果卻得肺癌死掉。我們台灣日本兵，他就取日本名，取日本名，卻給他們那些印度尼西亞的士兵弄菸，一直餵他，卻得肺癌死掉。

　　當時……現在說到那個番仔去，當時，已經很久了，沒回來，沒回來這樣他太太怎麼辦？對啊！嫁給別人嘛！嫁給別人之後……李光輝甘願說，我這個太太讓你。你幫我養太太這麼久了，讓你。一個日本人說：這是男人中的男人，有辦法說太太讓給別人，自己又沒有老婆。再沒有多久，自己得肺癌死掉。男人中的男人。這也是真的啦！自己愛的太太讓人，讓人，給人做太太，他自己就在哪邊在哪裡，博物館那裡，給人看，在南洋的什麼島，經過幾十年。那時候還沒到幾十年，回來，大家拿菸請他，抽到抽菸抽死。這本《ハルマヘラ・メモリー》，要拿出來給你看，看有沒有想到。有想到沒有？

　　一夜中間，兩千零四個人，處決，都死去。是這本（《阿波丸》）。喔！這現在都沒地方買了，這些都絕版了。我家裡很多。我要來找這兩本也找很久。很熱。我不知道你是女的還是男的。找這些是要說這些給你聽。你可能聽三分之一，三分之二，三分之三，還是四分之幾，可能聽得懂，就給你了解一

下。

　之後，我就在スラバヤ，就連軍跟印尼講和了嘛，講和以後，我們就坐日本的貨物船，從スラバヤ坐船。那船很熱，載油的船蓋的，船艙的裡面，也沒有扇子，也沒有什麼，這麼熱，也是躺著睡。還有一種人，受不了炎熱，睡在甲板，從スラバヤ坐船，坐到新加坡。坐到新加坡，要去的時候好像是從軍港出去，要回來新加坡，從商港進來，商港那邊。這不同，軍港跟商港。商港就船在出入的地方，商船在出入的地方。去到那邊，再坐去新加坡的山下，セレター，軍港，旁邊那兒，那邊有從前在關印度兵的俘虜營，現在換我們台灣人關在那邊。關在那邊是沒什麼，每日都有糧食，沒有青菜，自己在那種番薯，吃番薯葉啦，番薯葉揀一揀，加上ビスケット（biscuit，餅乾，或麵餅），摻牛肉、牛肉罐頭，台灣人一個禮拜一罐。弄在番仔油籃（汽油桶），番仔油籃你知道嗎？不是玻璃的，那個鐵，裝餅的……類似鍋子，裝油的，裝餅的罐子、桶子，當作鼎，投入水、投入米、投入餅、投入什麼，用來煮飯吃，差不多吃三個月，就要回來。當時有派船，美國船。美國船的名字叫做……從新加坡發，坐到台灣。坐到台灣哪裡？來到基隆港，裡面有船不能進去，就再過一夜，然後船再進去，進來基隆。

　進來基隆。跟你交代如果你有帶禁忌品，比如嗎啡之類的，不能拿上去。其他的你拿回去沒關係。之後，一個人發一

張車票給我們，沒記名的車票，你要坐到哪裡隨便你坐，你如果要下車這張票就要交回來。要寫你的名字，寫你的車站。比如你要坐到台中，台中。坐到彰化，彰化。坐到台北，基隆坐到台北，就坐到台北。無記名的車票券，我們就回來了。

　　回來，好險，我老爸在生病，還活著，我老母也還活著，還沒死去。我在南洋，買回來，拿一些土產，什麼叫作土產？南洋那裡有那個叫做燕窩，燕窩你知道嘛？燕窩說什麼吃肺病很好，我老爸抽菸抽成那樣，在咳嗽，咳嗽到……當初我要去的時候，就在喘，好幾天，拿回來看吃了有沒有效果，又還有給他吃到，其實燕窩對肺癆、肺炎都沒效，到最後也是喘死。燕窩沒效……不是吃燕窩就會好。燕窩就是燕子的巢嘛，我們在スラバヤ的時候，我在那組織一個台灣同鄉會，租一間房子，下面人在住，上面二樓給燕子住，燕子在那出入，就把海波、海草回來做巢，那個巢就是燕窩啦。知道沒有？

　　有一些心得嗎？有沒有？我說的這樣，你知道嗎？有一點點心得嗎？知道就好啦。

　　要回來的時候，就是從新加坡坐船。快要過赤道。船啊過一尾一尾，要過赤道……赤道叫做什麼？英語你怎麼說？せき，地球的中央嘛！一邊是南半球，一邊是北半球。晚上，海的裡面真美，月夜，無月的晚上，星啊，一粒一粒這麼多全是星，那星裡面有那個南十字星……這星星是四顆星排這樣，一

倍、二倍……就可以找到南極星，在這，南十字。北極星、南極星，這裡是南，南極，南邊的星在這。北斗七星一倍、二倍……這裡就北極星。在海上你怎麼看方向，你現在要走往哪去？看海就要看這……啊還有北斗七星。這顆星，這北極星，這兒南極星，地球的這邊跟另一邊，這裡北極，這南極，這樣有看無？你現在在海上，你現在要往哪裡走，你自己要抓目標，沒那個十字、十字計。南十字星。這南十字星。十字啦，十字這五倍長這裡就是南極星。

　　要跟你說的事情很多，還想不齊全，想不太出來……我這些東西收起來，我這些地圖、這些書很寶貴。要再買就沒工夫買啊。美國人也要來看。這我特別去日本注文（下訂）的，那當時快要絕版了，快要沒了。在台中的紀伊國書屋（kinokuniya）買的。你如果要什麼書，你去台北的紀伊國書屋。你有曾經去了喔。要是找到有，叫他幫你買，要是找沒，叫他幫你注文。如果注文沒有就沒辦法了！這是日本書，你如果要中國書，英語的也很多。

參考資料

專書

1. Eiji Oguma（小熊英二）著，黃耀進譯，《活著回來的男人：一個普通日本兵的二戰及戰後生命史》，台北：聯經，2015。

2. Emiko Ohnuki（大貫惠美子）著，堯嘉寧譯，《被扭曲的櫻花：美的意識與軍國主義》，台北：聯經，2014。

3. Haruki Isayama（諫山春樹）等著，財團法人日本文教基金會編譯，《秘話・台灣軍與大東亞戰爭—台灣史料4》，台北：文英堂，2002。

4. John Toland 著，吳潤璿譯，《帝國落日：大日本帝國的衰亡，1936-1945》，台北：八旗，2015。

5. Koichi Hamazaki（濱崎紘一）著，邱振瑞譯，《我啊！：一個台灣人日本兵簡茂松的人生》，台北：圓神，2001。

6. Mamie Misawa（三澤真美惠），《殖民地下的「銀幕」：台灣總督府電影政策之研究 1895-1942）》，台北：前衛，2002。

7. Masami Kondou（近藤正己）著，林詩庭譯，《總力戰與台灣：日本殖民地的崩潰》，台北：國立台灣大學出版中心，2014。

8. Shunsuke Tsurumi（鶴見俊輔）著，邱振瑞譯，《戰爭時期日本精神史 1931-1945》，台北：行人，2007。

9. Yoshiko Yamaguchi（山口淑子）著，陳鵬仁譯，《李香蘭自傳——戰爭、和平與歌》，台北：台灣商務，2005。

10. Yoshiko Yamaguchi（山口淑子）、Sakuya Fujiwara（藤原作彌）著，蕭志強譯，《私の半生——李香蘭》，台北：商周，2008。

11. Yukio Mishima（三島由紀夫）著，許金龍譯，《奔馬》，台北：木馬，2002。

12. Sakujiro Shimomura（下村作次郎）等著，王惠珍主編，《戰鼓聲中的歌者：龍瑛宗及其同時代東亞作家論文集》，新竹：國立清華大學台灣文學研究所，2011。

13. Seitoku Isomura（磯村生得）著，李英茂譯，《少年上戰場：台灣人原日本軍屬的輓歌》，台中：晨星，1998。

14. Shigeo Suzuki（鈴木茂夫）著，陳千武譯，《台灣處分1945》，台中：晨星，2003。

15. Shusaku Endo（遠藤周作）著，林水福譯，《深河》，台北：立緒，1999。

16. Tamio Takemura（竹村民郎）著，林邦由譯，《大正文化：帝國日本的烏托邦時代》，台北：玉山社，2010。

17. 朱真一，《台灣熱帶醫學人物：開拓國際交流的醫界先驅》，台北：國立台灣大學出版中心，2011。

18. 李文卿，《想像帝國：戰爭時期的台灣新文學》，台南：國立台灣文學館，2012。

19. 李展平，《前進婆羅洲——台籍戰俘監視員》，南投：國史館台灣文獻館，2005。

20. 李展平，《烽火歲月：台灣人的戰時經驗》，南投：國史館台灣文獻館，2005。

21. 李展平，《戰火紋身的監視員——台籍戰俘悲歌》，南投：國史館台灣文獻館，2007。

22. 李登輝著，楊明珠譯，《新‧台灣的主張》，新北：遠足，2015。

23. 杜正宇、謝濟全、金智等合著，《日治下大高雄的飛行場》，台北：新銳文創，2014。

24. 吳平城，《太平洋戰爭——軍醫日記》，台北：自立晚報，1989。

25. 吳淑敏、吳淑眞合著，《拓南少年史：探尋拓南工業戰士們的身影》，台北：向日葵文化，2004。

26. 呂赫若著，張恒豪編，《呂赫若集》，台北：前衛，1991。

27. 呂赫若著，林至潔譯，《呂赫若小說全集》，台北：聯合文學，1995。

28. 周金波著，詹秀娟等譯，中島利郎、周振英編，《周金波集》，台北：前衛，2002。

29. 周婉窈主編，《台籍日本兵座談會記錄并相關資料》，台北：中央研究院台灣史研究所籌備處，1997。

30. 周婉窈主編，《海行兮的年代：日本殖民統治末期台灣史論集》，

台北：允晨，2003。

31. 范燕秋，《疾病、醫學與殖民現代性：日治台灣醫學史》，台北：稻鄉，2010。

32. 徐亞湘，《日治時期中國戲班在台灣》，台北：南天，2000。

33. 高俊宏，《小說：台籍日本兵張正光與我》，新北：遠足，2015。

34. 陳千武，《獵女犯：台灣特別志願兵的回憶》，台中：熱點，1984。

35. 陳千武，《陳千武精選詩選》，台北：桂冠，2001。

36. 陳千武著，彭瑞金編，《陳千武集》，台北：前衛，1991。

37. 陳映真等著，《呂赫若作品研究──台灣第一才子》，台北：聯合文學，1997。

38. 陳銘誠、張國權編著，《台灣兵影像故事》，台北：前衛，1997。

39. 張守真主訪，曾駿文記錄，《口述歷史──台籍老兵話滄桑》，高雄：高雄市政府文獻會，2005。

40. 許昭榮，《動盪時代的無奈：台籍老兵血淚故事》，南投：國史館台灣文獻館，2005。

41. 賴泰安，《出發吧！少年飛行兵》，新北：楓書坊，2014。

42. 龍瑛宗著，張恒豪編，《龍瑛宗集》，台北：前衛，1991。

43. 鍾逸人，《此心不沉：陳纂地與二戰末期台灣人醫生》，台北：玉山社，2014。

44. 蔡慧玉編著、吳玲青整理，《走過兩個時代的人——台籍日本兵》，台北：中央研究院台灣史研究所籌備處，2008。

學位論文

1. 吳欣樺，《硝煙與白衣：日治末期的台灣從軍看護婦》，國立政治大學台灣史研究所碩士論文，2013。

2. 吳智偉，《戰爭、回憶與政治——戰後台灣本省籍人士的戰爭書寫》，國立台灣師範大學歷史系碩士論文，2002。

3. 巫靜怡，《日治末期溪湖人的戰爭經驗（1937-1945 年）》，國立台灣師範大學歷史學系碩士在職專班論文，2007。

4. 陳柏棕，《血旗揚帆：台灣海軍特別志願兵的從軍始末（1943-1945）》，國立政治大學台灣史研究所碩士論文，2011。

5. 劉道一，《戰爭、移民與台籍日本兵——以劉添木生命史為例》，國立花蓮教育大學鄉土文化學系碩士在職專班論文，2008。

會議論文

1. 劉慧真，〈「國籍」之囚：台籍戰俘監視員的離散經驗〉，台灣近代戰爭史（1941~1949）第一屆國際學術研討會會議論文，高雄市

政府、高雄市立歷史博物館主辦，2011.10.1。

期刊論文

1.　邱坤良，〈理念、假設與詮釋：台灣現代戲劇的日治篇〉，《戲劇學刊》第 13 期，2011，頁 7-34。

國家圖書館出版品預行編目 (CIP) 資料

南十字星：華台雙語劇本 / 李璐著；王薈雯譯. -- 初版.
-- 臺北市：前衛，2020.04
　　面；　公分
ISBN 978-957-801-900-3（平裝）

1. 臺灣史 2. 劇本

733.21　　　　　　　　　　　　109000283

南十字星 華台雙語劇本

作　　者	李　璐
台文翻譯	王薈雯
責任編輯	鄭清鴻
美術設計	李偉涵
出版贊助	國藝會 NCAF

出　版　者　前衛出版社
　　　　　　地址：10468 台北市中山區農安街 153 號 4 樓之 3
　　　　　　電話：02-25865708 ｜ 傳眞：02-25863758
　　　　　　郵撥帳號：05625551
　　　　　　電子信箱：a4791@ms15.hinet.net
　　　　　　投稿信箱：avanguardbook@gmail.com
　　　　　　官方網站：http://www.avanguard.com.tw
出版總監　林文欽
法律顧問　南國春秋法律事務所
總　經　銷　紅螞蟻圖書有限公司
　　　　　　地址：11494 台北市內湖區舊宗路二段 121 巷 19 號
　　　　　　電話：02-27953656 ｜ 傳眞：02-27954100
出版日期　2020 年 4 月初版一刷
定　　價　新台幣 320 元